위로는 서툴수록 좋다

위로는 서툴수록 좋다

사랑할수록 살아갈수록
감춰야 할 말이 생기고 마는 그런 날이 있다

이정훈 산문집

책과강연

차례

Prologue *009*

1 위로 없는 위로 *013*
2 애매한 시간에 비는 내리고 *022*
3 엄마의 시간이 내게로 돌아왔다 *033*
4 심야식당 *040*
5 인생 첫 스파링 *047*
6 내가 형이니까요 *055*
7 밥은 밥 공기에 반찬은 예쁜 반찬 그릇에 *061*
8 제주의 푸른 밤 *065*
9 달리기와 책 *074*
10 동료에 대하여 *086*

11	아버지 공부	*095*
12	석이	*103*
13	하늘을 날았으면	*112*
14	엄마 생각	*120*
15	편지	*125*
16	그림자와 노인	*131*
17	겨울은 느리게 간다	*138*
18	소유냐 존재냐	*144*
19	운수 좋은 날	*151*
20	'사랑해'의 반대말은?	*159*

21	몰랐어요? 내가 이렇게 웃었는데	*162*
22	새벽	*167*
23	애썼다는 말	*173*
24	꽃을 버리려다	*180*
25	사춘기	*186*
26	언제든 좋으니 연어가 되어 돌아와	*198*
27	삼각김밥에는 온기가 없고, 바나나우유에는 바나나가 없다	*210*
28	우리 집 밥상	*215*
29	말의 문	*220*
30	돌아서지 않는다	*223*

31	플레이리스트	*233*
32	오두막	*238*
33	피아노와 나	*244*
34	우리 '사이'	*249*
35	자꾸만 잊는다	*253*
36	보통날	*257*
37	방황하는 마음의 주소	*260*
38	파도는 알고 있을까?	*267*
39	꿋꿋하게 살아갈 것	*275*
40	이름들	*281*
41	글을 마무리하며	*283*

Prologue

뒷모습에 관하여

초고를 다 쓰고 나서야 프롤로그를 적습니다. 수필이란 그런 것 같습니다. 끝에 가서야 시작을 이해하게 되는….

원고는 오랫동안 메모해 둔 것들을 모았습니다. 작은 일, 큰일 가릴 것 없이 마음에 걸린 순간들을 적어 둔 기록들이었죠. 그것들을 엮다 보니 기획 없는 기획이 되어 버렸습니다. 눈길을 걷다가 뒤돌아 보니 이리저리 헤맨 발자국들이 남아 있더라는, 그런 구성입니다.

이 책에는 저의 뒷모습이 많이 담겨 있습니다. 누군가를 마주할 때 그의 앞모습을 본다고 생각하지만, 실제로 우리가 보는 것은 그가 걸어온 길의 흔적입니다. 얼굴이란 침잠한 과거인 셈이죠. 감출 수 없는 얼굴, 저 역시 마찬가지입니다. 그런 마음으로 경험한 대로, 느낀 대로 솔직하게 쓰려고 했습니다. 흔들리며 걸어가는 저를 보며 독자들은 어쩌면 곳곳에서 자기 자신을 마주하게 될 것입니다. 완벽하지 않기에 오히려 진실에 가깝게 와닿을 수 있겠지요.

어느 순간부터 소유라는 것의 불확실성을 자주 생각하게 됩니다. 돈이든 지위든, 우리가 '내 것'이라 부르는 것들이 사실은 얼마나 가변적인 조건들 위에 서 있는지를요. 마치 파도가 밀려와 언제든 무너질 수 있는 모래성처럼, 그 견고함은 착각에 불과한지도 모릅니다.

실은 그 모든 것을 떠받치는 '나'라는 존재가 불확실한 토대 위에 서 있다는 것입니다. 사십이라는 나이는 이런 질문들을 회피할 수 없게 만드는 시간인 것 같습니다. 젊을 때는 불안을 미래의 가능성으로 전환할 수 있었지만, 이제는 그 불안 자체와 정면으로 마주해야 하는 나이가 되었지요.

십 년 전, 삼십 대를 정리할 때는 '어떻게 살아야 하나'를 고민했었습니다. 한 인간이 자기 인생을 통제하고 완성해갈 수 있다는 믿음에 근거한 질문이었죠. 하지만 살아 보니 인생은 예상치 못한 일들로 언제든지 흔들릴 수 있었습니다.

애쓰고 좌절하기를 반복하다 보니, 사십 대에 접어들어서는 생각이 바뀌었습니다. 완벽하게 살려고 노력하기보다는, 주어진 현실을 나에게 유리한 쪽으로 해석하며 사는 편이 낫겠다고요. 같은 상황이라도 어떻게 받아들이느냐에 따라 전혀 다른 삶이 될 수 있으니까요.

'어떻게 받아들이며 살 것인가.'
결국, 살아지는 게 삶이니, 그 과정에서 우리가 겪는 매 순간을 어떤 식으로 이해하느냐가 중요한 문제인 것 같습니다.

이 책은 예측 불가능하고, 뒤죽박죽인 채로 흘러갑니다. 하지만 그 점이 오히려 우리 삶과 닮았습니다. 그래서 수필을 '잡서'라고 하나 봅니다. 잡동사니가 오히려 보편적이고, 그것이 어쩌면 삶의 진실에 더 가까운 이야기일지도 모릅니다. 완벽한 체계보다는 불완전한 조각들이, 거창한 철학보다는 소소한 일상이 우리를 울고 웃게 하니까요.

지금부터, 저라는 이름의 불완전한 이야기를 시작해 보겠습니다.
존재하지만 우리가 보려 하지 않았던 것들에 관한 이야기입니다.
때로는 웃고, 때로는 꺼지는 감정에 사로잡힐지도 모릅니다.
괜찮습니다. 그게 인생입니다.

1 위로 없는 위로

말에 진심이 빠지면 소리는 곧 바스러질 것처럼 건조해져서 상대의 귀에 기분 나쁘게 거슬린다. 할 말이 없으면 차라리 시선을 낮추고 침묵 안에서 가만히 상대의 말을 기다리는 게 낫다. 입은 다물고, 귀만 열어 두는 것이다. 그러면 차츰 들리고, 차츰 보이기 시작해서 상태의 윤곽을 느낄 수 있다. 사람에 대한 위로는 서툴수록 좋다. 위로한답시고 나서기보다 '그랬구나…' 하며 가만히 고개만 끄덕여 주는 게 차라리 낫다.

서른 중반이었다. 한동안 소식이 끊겼던 친구에게서 전화가 왔다. 수화기 너머 고꾸라진 목소리가 비틀대며 넘어왔다. 말끝마다, '후…'하는 추임새가 들어가는 걸 보면 벌써 어지간히 취한 듯했다. 마침 집에 가려고 나온 터라 발길을 돌려 논현동을 향했다.

실내포차에서 닭발에 소주로 시작한 술자리는 1차, 2차, 3차를 브레이크 없이 달렸다. 늦가을 홍시처럼 빨갛게 달아오른 얼굴로 그가 나에게 물었다.

"너, 냉장고에 한 열흘 넣어둔 밥 먹어본 적 있냐?"
"아니…."
"그래 먹지 마! 그런 건 먹으면 안 되지, 그런 건 버려야지. 내가 그 찬밥 같아. 버리긴 뭣하고, 먹을 수도 없이 말라비틀어진…."

나는 듣고만 있었다. 애초에 용건이 있어서 만나잔 게 아니라는 건 알았다. 그는 마치 망가지기 직전의 인생 앞에서 마지막 넋두리를 하려는 듯 멍한 눈을 하고 있었다. 속사정을 듣지 못해도 섣불리 어떤 위로의 말을 건네서는 안 될 것 같았다. 이 밤 그에게 필요했던 건, 그가 쏟아내는 말을 모조리 수용하고 흘려줄 사람이었을 것이다. 아마 그 역할에 내가 생각난 것일 테고….

괘종 시계추처럼 흔들리는 그를 보며, 냉장고 속 말라비틀어진 밥을 생각했다. 새벽까지 그의 찬밥 돌림노래는 계속되었다. 그러다 한순간 몸의 중심이 한쪽으로 기울면서 두 팔과 한 다리가 허공에서 허우적거렸다. 나는 재빨리 거리를 좁혀 그를 껴안아 앉혔다. 그때 그의 점퍼에서 숯불 냄새와 뒤섞인 습한 골방 냄새가 났다. 그 냄새는 오래전 기억 속의 나를 소환했다. 과거의 나와 오늘의 그 사이에 시차를 둔 골방 냄새의 기억이 겹쳐지고 있었다. 그것은 외로운 냄새였다. 익숙한 그 냄새만으로 나는 지나간 그의 시간을 설핏 짐작할 수 있을 것만 같았다.

이날, 임용 발표가 있었고, 네 번째 불합격 통지를 받은 날이었다는 것을 술자리를 파할 때쯤 알게 됐다. 도로 가장자리에 걸터앉아 꾸벅꾸벅 졸다가 이따금 뭉개진 발음으로 흘리는 '다 끝났어. 아… 미안해…'하는 그를 바라봐 주는 게 내가 할 수 있는 일의 전부였다. 그는 널어놓은 빨래처럼 이리저리 흐느적거렸다.

그가 그토록 미안해한 사람은, 합격자 발표날 밤늦도록 연락을 기다린 가족들이겠지. 사랑하는 사람일수록 그들에게는 아픈 말을 감추게 된다. 그 말들은 가슴속에 차곡차곡 쌓이다 말하지 못한 무게를 안고 혼자 깊은 곳으로 가라앉고 만다. 그것이 외로움이다. 이 밤, 가족이 아닌 나에게 연락한 것은 아마도 이유가 있을 것이다. 이 소식이 괜찮을 수 없는 가족에게 괜찮다는 위로를 받게 될 자신의 처지를 생각했을 것이다. 그때 어떤 표정을 지어야 할지를 생각하다 난감했을 것이다. 대낮에 홀로 서 있는 듯한 민망함과 지독한 좌절감을 견디기 힘들었을 것이다. 그래서 그는 적당한 거리에 있는 나를 택했는지도 모른다. 위로와 무관심 사이, 그 미묘한 균형점에 있는 나를.

나 또한, 그의 지난 4년에 대해 아는 게 없었다. 우리는 세월을 뛰어넘어 한참 만에야 만났고, 이 미약한 연대감은 반나절 술 몇 잔으로 끈끈해질 게 아니었다. 그의 상처에 덧댈 반창고 같은 말이 나에겐 없었다. 슬쩍 들춰본 나의 말들은 그에게 어떤 위로도 되지 않을 것이었다. '괜찮아', '힘내' 따위의 상투적인 말이 행여나 튀어나오지 않도록 나는 마음을 단속했다.

새벽 2시가 넘도록 그는 떠들었고 나는 들었다. 가끔 들릴 듯 말 듯 '그랬구나' 하며 소심히 맞장구를 치는 게 내 말의 전부였다. 술에 취해 엉망이 된 그는 갈지자걸음으로 비틀거렸다. 의식이 없으면서도 어깨를 부축하는 내 손을 반사적으로 뿌리쳤다. 대로변에서 한참 실랑이를 벌인 끝에 비상등 깜빡이는 택시 안으로 그를 겨우 밀어 넣었다. "오늘은 아무 생각 말고 그냥 자."

뒷자리에 앉자마자 쓰러지듯 창에 기댄 채 그는 잠이 들었다. 멀어지는 택시의 꼬리등이 코너를 틀며 사라질 때까지 나는 시선을 떼지 못했다.

내일 아침 눈을 떴을 때 천장을 응시하며 현실 앞에 낙담할 그의 절망 가득한 눈동자를 생각했다. 쓰린 속을 달래려 라면을 끓이면서 달걀을 넣을지 말지 순간 고민하는, 스스로 생각해도 어이 없어하는 그의 표정을 생각했다. 상황 파악 안 되는 식욕에 찡그린 그의 얼굴 주름을 생각했다. 같은 밤을 보냈지만, 다른 아침을 맞이할 그를 보내며 나는 말할 수 없는 미안함을 느꼈다. 그렇다고 뭘 해줄 수도 없었다. 아무것도 한 게 없었지만, 아무것도 해서는 안 될 밤이었다.

택시가 사라진 후, 나는 홀로 새벽길을 걸었다. 주머니 속에 손을 넣고 길가의 작은 돌멩이를 툭툭 차며 걸었다. 다음 날, '괜찮냐'는 문자를 보냈다. 말 줄임표 세 개를 찍었다가 지웠다. 하지만 답장은 오지 않았고 나도 더는 묻지 않았다.

몇 달 후, 그가 학원에서 강의를 시작했다는 소식을 전해 들었다. 처음에는 주말 특강 몇 개를 맡는 아르바이트 수준으로 시작했지만, 곧 메인 강사로 채용되었다고 했다. 장소는 다르지만, 그는 교단에 서는 일을 포기하지 않았고, 자기 나름의 방식으로 자기 인생을 꾸려가고 있었다. 한숨 가득했던 그 밤의 넋두리는 이미 희미한 기억으로 밀려나 있었다.

몇 년이 더 흘러, 그가 결혼한다는 소식을 전해왔다. 한때 무너질 것만 같았던 그의 세계에도 새로운 균형이 찾아왔다. 혼자서 외롭게 감당하던 무게를, 이제는 둘이 나란히 서서 나눌 수 있게 된 것이다. 그의 삶이 결혼으로 더 안정되기를 진심으로 바랐다. 그렇게 그는 젊은 시절의 실패에서 벗어났다. 절망의 밤은 어느새 방향을 틀어 완만한 인생을 향해 흐르고 있었다.

그새 십 년이 흘렀다. 버려야 할 옛 시간은 흘러서 폐기되었고, 무너지지 않고 기어이 밀고 나간 시간은 그의 품에 토끼 같은 아들과 딸을 안겼다. 허리는 4인치가 늘었고, 몸무게는 10kg이 불었다. 몸만큼 인생도 후덕해졌다.

1호선 한강철교를 지나고 있을 때였다. 창밖으로는 한강이 햇빛을 받아 반짝이고 있었다. 그때 핸드폰이 울렸다. 화면에 그의 이름이 떴다. 창가로 들어선 오후의 봄볕이 차창을 비집고 내 무릎 위에 따스하게 내려앉았다. 수화기를 귀에 대자 그의 목소리가 기차의 덜컹거림과 햇살 사이로 스며들었다. 높은 데시벨의 맑고 환한 목소리였다. 좋아 보였다.

시간은 흐르고 인생은 그럭저럭 살 만하게 흘러간다. 행복을 무어라 말할 수는 없지만, 웃으며 견딜 만큼의 마음이라면 살 만한 것 아닐까. 살다 보면 조금 부서지고 흠이 날 때도 있지만, 그렇다고 완전히 주저앉을 정도로 파괴되는 것은 아니니까.

오랜만에 친구에게 문자를 썼다. '오늘 아침 라디오에서 누군가 말하더라. 위로는 서툴수록 좋다고. 그날 네게 아무 말도 해주지 못해서 미안했는데, 어쩌면 그게 우리에게 필요한 거였을지도 모르겠어.' 잠시, 망설이다 덧붙였다. '이 말 해주고 싶었는데, 냉장고 속 찬밥 있잖아… 맛있어. 라면에 말아 먹으면. 다 네 인생이고, 네 거야. 앞으로도 너를 너로 사랑해 주기를… 지금처럼.'

그러고는 보내기 버튼을 누르려다… 핸드폰을 내려놓았다. 어쩌면 이 문자도 보내지 않는 게 나을 것 같았다.

창밖으로 보이는 하늘은 맑았다. 무너질 것 같던 그 밤으로부터 우리는 또 이렇게 멀리까지 흘러왔다.

"십 년 전 그 밤, 친구가 자신을 '냉장고에 한 열흘 넣어둔 밥, 버리긴 뭣하고 먹을 수도 없이 말라비틀어진' 존재라고 했을 때, 저는 아무 말도 할 수 없었습니다. '괜찮아', '힘내'라는 말들이 얼마나 공허할지 알았기 때문입니다. 그 순간 필요했던 것은 위로가 아니라 그의 절망을 온전히 받아안을 수 있는 침묵이었습니다.

그렇게 시간이 흘렀습니다. 다행히 그가 자신만의 방식으로 삶을 일궈낸 후, 저는 그때 그의 말을 다른 방식으로 돌려줄 수 있었습니다. '냉장고 속 찬밥… 맛있어. 라면에 말아 먹으면'이라고요. 이 말에는 위로를 넘어 존재에 대한 긍정을 담았습니다.

절망의 맥락에서 나온 비유가 시간을 건너뛰어 희망의 언어로 재탄생했습니다. 같은 '찬밥'이지만 이제는 '라면에 말아 먹으면 맛있는' 것이 되었습니다. 쓸모없는 것이 아니라 나름의 가치를 가진 것이 되었습니다. 그리고 마지막에 '다 네 인생이고, 네 거야'라는 문장을 넣음으로써 시간이 지나면 상황을 바라보는 관점도 바뀔 수 있다는 걸 말하고 싶었습니다.

깊은 위로는 결국 시간이 만들어 주는 것 같습니다. 당장은 아무 말도 할 수 없었지만, 세월이 흘러 그의 삶이 안정되고 나면 비로소 건넬 수 있는 말들이 있습니다. 그 시차 속에서 상처는 아물어가고, 상처의 언어는 새롭게 돋아난 긍정의 의미를 획득하게 됩니다.

생각해 보면, 그날 밤 제가 한 일은 정말 아무것도 없었습니다. 그저 들어주고, 함께 있어 주고, 택시에 태워 보낸 것이 전부였지요. 하지만 그 '아무것도 하지 않았음'이 어쩌면 가장 적절한 위로였을지도 모르겠습니다."

2 애매한 시간 비는 내리고

지하철 문이 열렸다. 출구를 나서자 검은 하늘 아래 비가 내리고 있었다. 빗방울은 추적추적 떨어졌다. 웅덩이에 빗방울이 떨어져 나이테처럼 번졌다. 나는 그것을 가만히 보았다. 애잔한 마음이 들었다. 나이테는 세월의 흔적이다. 물 위에 번지는 동심원은 금세 사라진다. 내 삶도 그러할 터였다. 스쳐 지나가는 것. 쌓이는 듯 쌓이지 않는 것. 잠시 그런 생각이 스쳤다. 그러다 이 비를 어찌할까 했다. 뛸까, 걸을까, 우산을 살까 망설였다. 가방을 머리에 얹고 달렸다.

달릴 때마다 허리에 매달린 살이 출렁거렸다. 얇아진 다리는 휘뚱거렸다. 빗방울이 금세 굵어지기 시작하더니 어깨부터 거뭇하게 젖어 들었다. 빗물은 등을 타고 옷 속으로 번졌다. 등과 정수리에서 허연 김이 올랐다. 이미 다 젖어 버려 뛰는 것은 헛된 일이었다. 속도를 줄이고 느슨하게 걷기 시작했다.

'그냥 맞자' 하고 마음을 놓으니 비 내리는 밤거리가 보였다. 앞질러 뛰는 사람, 우산 쓰고 걷는 사람, 비에 다급해진 그들이 있었다. 그 속에 느리게 걷는 나도 있었다. 속도가 다른 우리는 같은 그림 속에 있었다. 마치 오래된 영화 한 장면처럼 보였다.

문득 돼지 뒷고기에 소주 한잔이 생각났다. 여기서 집까지는 이백여 미터 남짓이다. 내 발걸음은 교차로에서 멈췄다. 직진하면 집이고 우측으로 꺾으면 먹자골목이었다. 잠시 망설였다. 그때 신호가 초록으로 바뀌었는데 몸이 반사적으로 움직였다. 오른쪽으로 방향을 틀었다. 그것은 머리와 분리된 발의 결정이었다. 나는 두 발에 이끌려 골목길로 들어섰다.

손바닥으로 어깨와 등을 툭툭 쳐서 빗물을 털어내고는 가게 문을 밀었다. 낡은 철문이 삐걱 소리를 냈다. 열 평쯤 되어 보이는 가게였는데, 가게 안은 비어 있었다. 나는 한쪽 구석에 자리를 잡고 앉았다. 그때까지도 주인은 계산대 앞에 앉아 무료한 얼굴로 야구 중계를 보고 있었다. 텔레비전 해설자의 작은 목소리만 멀리서 들려올 뿐, 그것 말고 가게 안은 어색하리만큼 조용했다. 그때 굵어진 빗방울이 후두둑 창문을 두드리는 소리가 들렸다.

주인을 보면서 시간이라는 것은 사람의 형태를 빚어내는 조각칼 같다는 생각을 했다. 매일 반복되는 시간 속에서 사람은 저마다의 모습으로 깎여나간다. 그러면서 한 사람의 고유한 삶의 형태가 만들어지는 것이다. 긴 세월 수많은 손님을 겪어내며, 필요 이상의 말을 아끼고, 감정을 드러내지 않는 것이, 가게 주인만의 처세가 되어 버린 것은 아닐까. 먹고 살만큼은 가게를 꾸려왔으니, 그 또한 나쁘지만은 않다고 생각했다.

그때 밖에서 북북 불을 일으키는 소리가 들렸다. 곧 주인은 벌건 연탄불을 들고 들어와서는 능숙하게 둥근 양철 테이블 가운데로 불을 넣었다. 연탄에서 붉게 달아오른 열기가 피어올랐다. 가게 안은 금세 훈훈해졌다. 벽지가 누렇게 뜬 시멘트 벽에는 낡은 달력이 걸려 있었다. 달력 속 여자는 웃고 있었고 날짜는 석 달 전 8월에 멈춰 있었다.

"뭐 드실 거요?"
주인이 물었다. 딱 그 말뿐이었다. 할 말만 하는 남자. 언어 과잉의 시대에, 말이 짧은 이 남자에게 나는 왠지 정이 갔다. 그는 주문을 받고는 대꾸 없이 주방으로 들어갔다. 그 무심함이 오히려 아늑했다. 빗소리가 지붕을 두드렸다. 빈 가게에 빗소리와 불소리만 남았다. 그것으로 충분했다.

이렇게 앉아 있으니 차창 밖으로 세월이 지나간다. 살아보니 사람에게 다치는 일이 물건에 부딪혀 다치는 일보다 훨씬 많았다. 사람들은 마음에 멍이 든다고 말한다. 그런데 생각해 보면 마음이라는 게 심장이 아니라 뇌에 있지 않나, 그러니 멍도 심장이 아니라 뇌에 드는 게 맞을 것이다. 뇌 어딘가에 시퍼런 멍이 든 것처럼, 그 멍은 몸의 멍보다 훨씬 오래간다. 손댈 수 없기 때문이다.

사람들과 섞여 살다 보면 관계라는 것이 때로는 예기치 않게 우리를 할퀸다. 실타래처럼 얽혀 있던 것들이 어느 순간 날카로운 모서리를 드러내며 살갗을 긋고 지나간다. 그런 상처는 보이지 않는 곳에 남아서 더욱 오래도록 쓰라리다.

상처가 아물기까지는 혼자만의 시간을 보낼 수 있는 공간이 필요하다. 그런데 마흔이 넘도록 단 두어 평이라도 온전히 내 것인 공간을 갖는다는 게 이토록 어려운 일인지 몰랐다. 집 한 평 늘리는 데 1년이 걸린다는 말을 들었을 때, 나는 그 말의 무게를 실감했다. 웃을 일이 아니었다. 그저 방해받지 않는 작은 공간 하나면 족한데, 그것조차 삶에서는 쉽사리 얻기 힘든 벽처럼 느껴지는 것이다.

창밖을 내다보며 헤드폰을 귀에 얹었다. 비 내리는 평일 밤이라 그런지 길거리에는 인적이 드물었다. 쳇 베이커의 나른하고 그 윽한 음색이 이어폰을 타고 내 귓속으로 천천히 스며들었다. 유리창을 따라 흐르는 가늘고 긴 빗방울들이 마치 악보 위의 음표처럼 일렬로 늘어서서는 그의 목소리와 그루브에 맞춰 춤을 추는 듯했다. 순식간에 작은 가게 안은 재즈로 가득 찼다. 밤, 비, 소주, 쳇 베이커, 재즈… 이 모든 것들이 만나 일으키는 감정이 갈빗대를 뻐근하게 압박해올 무렵, 테이블 위로 허연 냉기를 감은 초록색 소주병이 놓였다.

병의 표면에 맺힌 영롱한 물방울 위로 내 얼굴이 기이하게 일그러져 비쳤다. 그 모습이 물방울과 함께 또르르 아래로 미끄러져 내리는 것을 바라보다 뚜껑을 돌려 열었다. 소주 한 잔을 목구멍으로 넘기자 식도를 타고 뜨끈한 감각이 아래로 번져갔다. 마치 오래된, 아주 오래된 기억 하나가 몸 안에서 깨어나는 것처럼. 두어 잔을 연거푸 비워내니 창밖의 네온사인들이 부옇게 번져 보였다. 세상의 모든 선이 조금씩 무뎌지는 순간이었다. 그 속에서 문득 따뜻한 행복감이 밀려왔다.

두어 잔의 소주가 혈관을 타고 돌자, 맥락 없이 이런 생각이 들었다. 불안을 극복하는 것과 불안에 익숙해지는 것은 결과적으로 비슷한 일이 아닐까? 어느 쪽이든 결국엔 편해질 테니까.

빈 잔을 다시 채웠다. 문득 떠오른 생각이 있었다. 스무 살 무렵부터 줄곧 나를 따라다녔던 불안. 나에게는 언젠가 불행해질지도 모른다는 희미한 두려움 같은 것이 있었다. '같은 것'이라고 말을 흐리는 이유는, 항상 그랬던 건 아니지만 지나온 길을 돌아보면 결과적으로는 그랬기 때문이다. 인생의 대부분을, 적어도 해가 뜨고 지는 정규 시간의 대부분을 그런 불안 속에서 보냈었다.

처음에는 불안을 이겨내려 애썼다. 하지만 어느새 나는 불안에 익숙해지는 쪽으로 스스로를 길들이고 있었다. 변화의 과정이 얼마나 자연스러웠던지, 마치 강물이 구불구불 제 길을 찾아가듯 나 자신조차 그 흐름을 의식하지 못한 채 따라가고 있었다.

불안이란 미래의 것이다. 손에 잡히지 않는 시간에 대한 감정이니까. 당연히 현재에서 미래의 불안을 극복할 수는 없는 일이다. 그래서 나는 어느 순간부터 '불안의 극복'이라는 무모한 시도 대신 '불안과의 동거'라는 현실적인 방법을 택하게 됐다. 그것은 의도라기보다는, 긴 시간의 경험으로 도달한 자연스러운 전향이었다. 불안을 내 안으로 들여야, 비로소 불안하지 않다는 것을 알게 되었다.

이런 데서 혼자 술을 마실 때면 늘 이런 잡다한 생각의 실타래를 풀어놓는다. 맥락도 없이 문득 떠오른 생각을 붙잡아 이리저리 굴려보고, 혼자 결론을 내리고는 그 생각을 종이 접듯 둘둘 말아 마음 한구석에 조용히 쌓아두는 것이다. 이런 시간 덕분에 생활에 쫓기더라도 그나마 생각이란 걸 하고 사는 것 같다.

동네 곳곳에는 내가 숨구멍처럼 뚫어 놓은 '뒷공간'들이 있다. 횟집도 혼자 간다. 삼겹살집도 혼자 간다. 심지어 노래방도 혼자 간다. 처음에는 가게 사장님들이 고개를 갸웃거리며 이상한 눈으로 바라보더니, 이제는 문을 열고 들어서면 알아서 구석 자리로 안내한다. 자동이다. 오랜 친구처럼 '척'하면 '착'하는 사이가 됐다.

이런 무심한 공간들은 은신하기에 좋다. 완벽한 나만의 안전가옥이라고 할까. 누구도 내게 묻지 않고, 내 사정을 궁금해하지 않으며, 그저 있는 그대로의 나를 받아들이는 곳. 낮에는 환한 태양 아래서, 밤에는 차가운 형광등 불빛 아래서 계속해서 발가벗겨지는 삶 속에서, 내 몸 하나 숨 고를 수 있는 공간 정도는 조용히 주장해 봐도 된다고 생각한다. 그래서 나는 동네 구석구석을 부지런히 돌아다니며, 마치 보물찾기를 하듯 나만의 안전가옥들을 하나둘 발견하고 표시해둔다.

애매한 시간, 밤의 어둠을 비집고 내리는 빗소리가 좋다. 연탄불 위에서 지글지글 소리를 내며 껍데기가 노랗게 부풀어 오르더니 뒤집힌다. 행복이 별건가. 투명한 기름방울이 빨간 연탄불 속으로 떨어질 때마다 파아란 불꽃이 순간 치솟으며 고소한 냄새가 피어오르고, 타닥타닥 지글지글 익어가는 소리가 작은 가게 안을 가득 채운다. 바삭하게 구워진 껍데기 한 점을 콩가루에 찍어 입에 넣자, 굳었던 어깨의 긴장이 스르르 녹아내렸다. 마치 오래된 매듭이 풀리는 것처럼. 답답하게 조여오던 셔츠 단추를 하나 풀고 허리띠도 한 칸 느슨하게 내려 매니, 온몸의 감각이 천천히 깨어나는 듯했다.

'맛있겠다.'

나지막이 중얼거리며 술잔을 다시 들었다. 바깥에서는 빗방울이 선술집 처마를 타고 후두둑 떨어진다. 그 소리가 어찌나 깊고 다정한지, 마치 오래된 친구가 내게 건네는 위로의 말 같았다. 나는 소리에 귀 기울이며 입가에 작은 미소를 머금었다.

술잔을 막 기울이는 순간 핸드폰이 부르르 떨었다. 집이다. 언제 오냐는 문자다. 꼼지락꼼지락 핸드폰을 매만지다 '가, 고, 있, 어'라고 조심조심 눌러 보냈다. 조바심이 나기는 했지만, 껍데기는 아직 반이나 남았고 소주도 서너 잔은 더 마셔야 간만의 아쉬움을 털고 일어날 수 있을 것 같다. 이 정도는 봐주겠지 하는 마음으로 핸드폰을 뒤집었다. 이런 날은 자주 있는 게 아니다. 기회가 왔을 때 누려야지.

───────────────

"교차로에서 우리는 선택의 무게를 느낍니다. 머리는 안전한 직진을 명령하지만, 몸은 예측할 수 없는 우회전을 원합니다. 이 갈등 속에서 우리는 삶의 근본적 불안을 마주하게 됩니다. 어느 길이 옳은지 확신할 수 없다는 것, 그것이 우리가 살아가는 현실입니다.

불안의 근원은 결국 시간입니다. 과거는 이미 지나갔고, 미래는 알 수 없으며, 현재는 금세 사라집니다. 우리는 흐르는 시간 위에 떠 있는 존재들입니다. 이 불안정함 속에서, 확실한 것 없이 살아가야 한다는 조건에서 불안이 생겨납니다.

그렇다고 불안을 적으로 여길 필요는 없습니다. 불안은 우리가 살아 있다는 증거이기도 하니까요. 불안을 통해 우리는 자신의 고독을 직시하게 되고, 그럼에도 삶을 선택해나가야 한다는 책임을 깨닫게 됩니다.

강물이 바위를 피해 돌아가듯, 우리도 불안을 거스르지 말고 그것과 더불어 흘러가야 합니다. 불안을 받아들일 때, 역설적이게도 우리는 평온을 얻게 됩니다. 이것이 바로 불안과의 동거입니다. 이런 맥락에서 우리에게는 '뒷공간'이 필요합니다. 아무도 나를 판단하지 않는 그 공간에서 우리는 비로소 온전한 나 자신이 될 수 있습니다. 그곳에서 시간의 압박에서 벗어나 현재의 감각에 몰입할 때, 우리는 삶의 충만함을 경험하게 됩니다.

중요한 것은 교차로에서 어느 길을 택하느냐가 아닙니다. 선택하는 존재로서의 나 자신을 인정하는 것입니다. 불안 속에서도 우리만의 의미를 창조해내는 것, 그것이 나를 잃지 않고 살아가는 길입니다."

3   엄마의 시간이 내게로 돌아왔다

새벽 4시면 엄마는 어김없이 잠에서 깼다. 40년이라는 세월 동안 하루도 거르지 않고 불경을 외우는 일, 그것은 엄마에게 호흡과도 같은 것이었다. 새벽의 단단한 정적을 뚫고 나오는 그 목소리에 나는 눈을 떴다가 다시 잠이 들고는 했다.

엄마의 아침은 허술했다. 밥알을 음미할 새도 없이 밀어 넣고 시간에 떠밀리듯 가게 문을 열었다. 그렇게 하루가 시작되면 옷을 빼고 걸고 개키고, 손님들이 입고 벗은 옷을 다시 걸고 개키고 진열하는 일을 무한 반복했다. 오후가 되면 기운 햇살에 부서지는 먼지들이 좁은 가게 안을 환하게 했다. 그 하늘거림은 마치 빛으로 된 커튼 자락처럼 보였다. 산란하는 빛 사이로 엄마의 손과 어깨는 바지런히 춤추듯 움직였는데, 그 몸짓을 바라보는 멍한 마음에는 황홀감이 차오르는 듯싶다가도 금세 슬퍼지기도 했다. 곁방에서 지켜본 7살, 8살, 9살, 10살…의 나는 애였어도 산다는 일의 고단함을 설핏이나마 느꼈던 것 같다. 햇살 속에서 분투하던 엄마의 모습은 지금도 생생하다.

엄마는 경주에서 서울 동대문까지 380km 길을 일주일에도 한두 차례씩 물건을 떼러 다녔다. 가게 문을 닫고 밤 9시쯤 출발하면 새벽 한 시쯤 동대문에 도착했다. 그 시간부터 동틀녘까지 작고 마른 여자는 동대문과 남대문을 억척같이 누비고 다녔다. 계산이 능한 도매상들 사이에서 물건값을 흥정하고 보따리를 챙기는 엄마의 손과 발은 오차를 허용하지 않는 시계처럼 움직였다. 그렇게 꼬박 네다섯 시간 쉼 없이 물건을 사고 나면 뒤도 돌아보지 않고 버스를 타고 내려오는 것이다.

밤을 꼴딱 새우고 돌아오면, 엄마는 산더미 같은 물건을 풀어놓고 그 즉시 물건을 정리하기 시작했다. 마치 햇볕과 물만 있으면 쑥쑥 자라는 보리처럼, 엄마는 나를 햇볕 바라보듯 쳐다보고는 물도 없이 기운을 냈다. 그게 나는 아팠다. 엄마의 삶은 이러한 고난의 정확한 반복이었다. 끝나지 않을 것 같았다. 닳고 닳아서 엄마가 사라져야만 끝이 날 것 같았다. 그런 생각을 하면 나는 숨이 턱턱 막혔다.

밤 11시가 넘어서야 엄마는 가게 셔터를 내렸다. 파김치가 된 엄마는 쓰러지듯 누웠고, 눕자마자 잠에 빠져들었다. 그러면 사남매가 살금살금 다가가 엄마의 팔다리를 하나씩 나누어 맡았다. 조심조심 주무르는 손끝으로 전해지는 것은 단단히 뭉친 근육들이었다. 엄마의 피부는 언제부턴가 여자의 것이 아니었다. 노동이 새긴 깊고 딱딱한 살결들. 나는 그 변화를 무력하게 지켜볼 수밖에 없었다. 사랑하는 사람이 소진되어가는 과정을 목격한다는 것. 그것은 어린 나에게도 견딜 수 없는 일이면서도 견뎌내야만 하는 일이었다.

그 무력함을 깨달은 순간, 나는 내 슬픔을 함부로 드러내서는 안 된다는 것을 알았다. 슬픔에도 순서가 있다는 것을, 내 슬픔은 뒤로 밀려나야 한다는 것을. 그렇게 나는 감정의 위계를 배웠다. 사랑하는 사람을 사랑한다는 것의 첫 번째 조건이 자신을 지우는 일이라는 것을, 그 무렵부터 알게 되었다.

손님들은 나를 순하다 했지만, 슬픔을 모른 척했을 뿐이다. 아이의 웃음이 어른의 눈물을 닦아 준다는 걸 누가 가르쳐 준 적은 없었지만, 어느새… 나는 알고 있었다. 내가 웃어라도 주면 엄마의 슬픔이, 안으로 구겨 넣은 설움이 조금이나마 가벼워질 것 같았다. 아이도 알 건 알아서 살다 보면 애가 어른을 보살펴야 할 때도 있다. 짐이 되지 말아야 한다는 생각은 아이로 자라야 할 시간을 서둘러 빼앗아 갔다. 그렇게 나는 조용히 어른이 되어 갔다.

어느덧 고단했던 시간은 지나가고 엄마에게도 노년의 봄이 찾아왔다. 그리고 나에게도 살아 보지 못한 마흔의 시간이 찾아왔다. 인생이 그런 것이다. 때가 되면 그 나이에 맞는 슬픔과 기쁨이 제각각의 크기로 찾아온다. 언젠가 내 아이들에게도 마흔이라는 무게는 고스란히 흘러갈 것이다. 이것은 '누구도' 피할 수 없는 일이다. 그러나 '누구든' 헤쳐갈 수 있는 일이기도 하다. 엄마는 당신의 계절을 수십 번 건너면서, 세월의 견딤을 몸소 보여 주었다.

새벽 4시, 엄마가 깨던 그 시간에 눈을 떴다. 창밖은 아직 짙푸른 어둠이었다. 고요한 새벽, 엄마의 불경 소리가 희미하게 들리는 듯했다. 그 소리는 지금 생각하면, 기도가 아니라 의지의 노래였다. 부지런히 살겠다는 다짐의 소리, 오늘도 견뎌보겠다는 인내의 소리…. 독경하는 엄마를 생각하다 입술을 움직여본다. 이불 속에서 반쯤 졸며 듣던 그 경문은 40년이 지났어도 고스란히 내 안에 살아 있다. 귀로 새긴 소리…, 내 몸은 엄마의 시간을 그렇게 기억하고 있다.

그때 잠이 덜 깬 얼굴의 막내가 방문을 열고 들어왔다. 나쁜 꿈을 꾼 모양이다. 나는 아이에게 곁을 내주며 어깨를 감쌌다. 아이의 보드라운 손등에 내 손을 얹다가 순간 멈짓했다. 언제 이렇게 거칠어졌었나. 아, 이게 그 옛날 내가 느꼈던 엄마의 손이구나. 그 거친 손으로 엄마는 밤마다 내 이마를 어루만져 주었고, 새벽마다 나를 위해 기도해 주었다.

아이는 눕자마자 새근새근 숨소리를 내며 잠이 들었다. 나는 잠든 아이의 앞머리를 쓸어넘기며 속삭였다. '할머니는 지금도 매일 기도해. 아빠도 너희를 위해 기도할게, 할머니가 오래오래 기도해 준 것처럼….'

엄마의 시간이 나에게로 왔듯이 내 시간도 아이들에게로 흘러갈 것이다. 인생에 힘듦이 찾아왔을 때, 나를 위해 기도하는 존재가 있다는 게 얼마나 큰 위로가 되는지, 언젠가 이 아이들도 알게 되겠지.

"'슬픔에도 순서가 있다는 것을, 내 슬픔은 뒤로 밀려나야 한다는 것을. 그렇게 나는 감정의 위계를 배웠다'

이 문장에는 아이가 어른이 되어 가는 과정의 본질이 담겨 있습니다. 감정에 순서가 있다는 것을 우리는 언제부터 알게 될까요. 아마도 사랑하는 사람의 아픔을 처음 목격하는 순간부터일 것입니다. 내가 슬퍼할 권리보다 상대방이 슬퍼할 권리가 더 크다고 느끼는 순간, 우리는 조용히 어른이 되기 시작합니다.

이것은 배워서 아는 것이 아닙니다. 사랑하는 사람이 힘들어할 때, 나의 작은 불편함은 자연스럽게 뒤로 물러납니다. 그것이 감정의 위계라는 것을 우리는 머리가 아닌 가슴으로 깨닫게 됩니다.

하지만 이런 깨달음에는 아픔이 따릅니다. 특히 어린 나이에 이를 깨닫게 된다면 더욱 그렇습니다. 아이는 아이일 권리가 있는데, 어른의 아픔을 이해해야 하는 순간 그 권리를 스스로 포기합니다. 이것이 조숙함의 슬픈 면입니다.

하지만 사랑한다는 이유로 자신의 감정을 미루는 것이 건강한 일은 아닙니다. 진정한 사랑은 서로의 슬픔이 경쟁하지 않습니다. 다만, 내 슬픔과 상대의 슬픔이 나란히 자리할 수 있는 공간을 만들어 냅니다.

감정의 위계를 배운다는 것은 결국 타인의 존재를 인정하는 법을 배우는 것입니다. 세상이 나만을 중심으로 돌지 않는다는 것을, 내 감정만이 전부가 아니라는 것을 깨닫는 과정입니다. 그렇게 보면 이는 성장의 필연적 과정이기도 합니다.

우리가 기억해야 할 것은, 자신의 감정을 뒤로 미룬다고 해서 그 감정이 사라지는 것은 아니라는 점입니다. 그 감정들은 마음 어딘가에 차곡차곡 쌓여갑니다. 언젠가는 그 감정들과도 마주해야 할 때가 옵니다.

어른이 된다는 것은 감정의 위계를 인정하면서도, 자신의 감정을 소중히 여길 줄 아는 것입니다. 사랑하는 사람을 배려하되, 스스로를 사랑할 줄 아는 것이지요. 그 균형을 찾아가는 것이 성숙의 진정한 의미가 아닐까 싶습니다."

4 심야식당

자정을 넘긴 시간, 선릉역 뒷골목은 대낮처럼 밝았다. 넥타이를 한 회사원 무리가 골목길에 늘어선 선술집에 앉아 술을 마시고 있었다. 금방이라도 고꾸라질 것처럼 위태롭게 흔들리는 남자를 앞에다 두고 핏대를 세워가며 뭐라 목청을 높이는 바보 같은 남자가 보였다. 멀어지는 택시 뒤에서 삿대질하며 욕하는 한 남자의 실루엣이 밤의 풍경과 무척 어울린다는 생각을 했다.

단골 선술집이 이 골목 끝에 있다. '해서는 안 될 말'을 삼켜야 하는 날, 나는 가게를 찾는다. 느닷없이 무력해진 날, 삶이 붕괴하지 않는 테두리 안에서 헐값에 자신을 지켜내는 방법이 술이다. 이곳을 혼자 다닌 지 삼 년도 넘어서 이제 제법 단골 대접도 받는다.

"오늘 방어가 좋아요. 드셔보세요." 주인은 약속이라도 한 듯 익숙한 동작으로 간 얼음에 유리병을 묻은 각진 통과 작은 술잔 하나를 내왔다.

앉자마자 낮의 일이 떠올랐고 곧 위벽을 긁는 통증이 몰려왔다. 시큼한 위산이 목젖 언저리에서 느껴졌다. 속이 화끈거려서 찬술을 꺾지 않고 연거푸 넘겼다. 석 잔을 들이켜자 통증이 겨우 잦아들었다. 머릿속에서는 꽃잎처럼 흩뿌려진 보고서가 슬로우모션으로 떨어지는 중이었다. 반말과 욕설이 귓전에서 윙윙거렸고 잔뜩 흥분한 고객사 대표는 당장이라도 몸을 날릴 기세로 씩씩대고 있었다.

'생각을 말자.' 나는 시선을 발끝에 고정한 채 염불을 외듯 중얼거렸다. 그는 눈앞에서 자료를 북북 찢더니 내 머리와 천장 사이의 여백을 향해 힘껏 던졌고 허공으로 파르르 퍼져 나가는 종잇조각은 지는 벚꽃처럼 흐드러지며 떨어졌다.

넓은 집무실과 높은 천장, 한 사람이 쓰기에는 어색할 정도로 큰 책상과 그 옆에 긴장한 얼굴을 하고 서 있는 늙은 비서실장, 그리고 내 뒤로 선 임원들. 느닷없이 펼쳐진 이 낯선 분위기는 나를 놀랍도록 무력하게 만든다. 다른 상황이라면 분명 저항했을 법한 일이지만 어느새 나는 그들 사이의 위계를 순순히 따르고 있었다. 비서실장은 아무런 말도 하지 않는 것으로 책임은 자연스레 나에게로 전가되었다. 모두 조용했다. 아무도 대꾸하지 않았다. 나는 내가 이 일을 책임져야 할 상황이라는 것을 그제야 깨달았다.

대표가 자리를 박차고 회의실을 나가자 직원 셋이 줄줄이 따라나섰다. 텅 빈 회의실에 혼자 남았다. 바닥에는 찢긴 종이들이 어지럽게 흩어져 있었다. 아무도 내게 말을 걸어오지 않았다. 명치를 짓누르는 통증이 몰려왔다.

거리로 나오니 해가 기울어가고 있었다. 대낮의 강남은 감정을 숨길 틈 없이 환했다. 칼날처럼 내리꽂는 햇빛 탓에 머리가 지끈거렸다. 나는 무엇을 해야겠다고 생각하거나 계획할 수 있는 상태가 아니었다. 신호와 소음은 귀에 닿지도 않았다. 몸이 절로 움직여졌고, 무언가에 이끌리듯 앞으로 걸었다. 그러다 선릉까지 왔다. 문득 갈 곳이 떠올랐는데, 그곳이 이 가게였다.

주방에서 재료를 썰던 주인과 잠깐 눈이 마주쳤다. 그는 사람 좋은 미소를 지어주었다. 잠시 후 기름진 방어를 도톰하게 썰어낸 주인은 메뉴에 없는 즉흥 안주를 몇 개 만들어서 냈다. 단골의 기분을 배려한 그만의 특별 서비스다. "드셔보세요. 기분 좋아질 겁니다." 그는 큰 덩치에 어울리지 않게 손놀림과 말이 늘 섬세했다. 굳이 내 속이 어떤지 들춰보려고 하지도 않았다.

방어를 한 점 집어다 씹었다. 이가 살을 뭉개자 풍미가 입안에 퍼졌다. 주인은 환해지는 내 얼굴을 보고는 예상했다는 듯 씩 웃는다. 살 오른 회 한 점을 입에 넣고 한 잔 또 한 잔, 그렇게 마시다 보니 금세 밖이 어두웠다.

"잘 먹었습니다." 일어서며 인사를 하는데 순간 무게 중심을 잃고 휘청했다.

"내일은 좋은 날 될 겁니다." 주인은 돌아서는 나를 향해 인사를 건넸다. 그의 목소리가 목덜미를 부드럽게 어루만져 주는 것 같았다. 마음이 시큰했다. 오늘은 내게 그리 좋지 않은 날이란 걸 잘 알고 있다는 듯이 말이다.

문을 열고 나오니 공기가 냉랭했다. 택시를 탈까 하다가 찬 공기가 싫지 않아 걸었다. 골목을 따라 주택가로 난 길로 들어섰다. 빛이 사라지고 어둠이 깔린 길은 적막했다. 걷다 보니 희미한 불빛 하나가 보인다. 어둠 사이로 가로등 빛줄기가 바닥으로 쏟아져 내린다. 암전된 무대 위 조명처럼, 여린 빛 한 줄기가 까만 밤을 밝히고 있었다. 흩뿌려진 종잇조각들이 가로등 아래로 떨어진다. 낮의 일이 다시 생각났다.

때때로 풀 수 없는 문제 앞에서 삶은 붕괴 조짐을 보인다. 살다 보면 오늘처럼 도저히 내 힘으로 이길 수 없는 일이 있고, 풀어서는 안 될 숙제가 있다는 걸 받아들여야 할 때가 있다. 그때 세상은 말한다. 시간이 답이라고, 누구나 그렇게 산다고, 받아들이라고, 이겨 볼 생각을 말라고···.

산다는 건 때론 싸우고, 때론 당하고, 때론 견디다가도 언제 그랬냐는 듯 자고 나면 각자의 일터로 나서는 것이다. 아무것도 하지 않으면, 아무것이나 되고 만다는 걸 알면서도 우리는 평범한 그 '아무것'이라도 되려고 매일 아침 표정 없는 얼굴을 하고 문을 나선다.

밤이 지나면 대낮이 온다. 낮은 헐벗은 삶의 민낯이다. 씨줄과 날줄로 엮어가는 억척같은 삶의 그물 짜기는 대낮에 일어나는 일이어서, 까맣게 어두운 밤보다 환한 대낮이 그래서 더 까마득한 법이다.

다정한 얼굴을 한 이들은 그들의 얼굴만큼 다정하지 못한 마음으로 살아간다. 만일 마음이 보이는 것이라면, 세상의 절반은 눈물일지 모른다.

종종 말하고 싶지 않은 일은 때아닌 감기처럼 일어난다. 사랑하면 할수록, 살아야 하면 할수록 감추어야 할 말이 자꾸만 생기고 마는 그런 날이 있다.

"사랑한다는 것은 타자의 고통에 대한 책임을 지는 일입니다. 그래서 우리는 자신의 상처를 감추려 합니다. 이것은 거짓이 아닙니다. 사랑의 방식입니다.

직장에서의 굴욕적인 순간을 집에 털어놓을 수는 없을 겁니다. 아이들 앞에서 아버지의 무력함을 드러낼 수는 없을 겁니다. 우리는 홀로 견뎌 내는 법을 배우는 게 아닙니다. 홀로 '되어 주는 법'을 배우는 것입니다. 홀로 견디는 것은 자신을 위한 고독이지만, 홀로 되어 주는 것은 타자를 위한 고독입니다.

'살아야 하면 할수록' 진실을 말하는 것 자체가 거대한 벽처럼 느껴집니다. 해서는 안 될 말들이 내 안에 쌓이면 그것이 '삶의 무게'가 됩니다. 그 무게에 등이 굽습니다. 늙음이란 그런 것이겠지요.

'무엇을 말할지'가 아니라, '무엇을 말하지 않을지'를 헤아리며 사는 것은 고단한 일입니다."

5   인생 첫 스파링

아이는 품에 안겨 깊이 잠들었다. 작은 숨소리가 내 가슴께에 닿았다가 멀어졌다. 고단한 하루였을 것이다. 열한 살, 초등학교 4학년의 아이는 태어나 처음으로 링에 올랐다. 비록 스파링이라 할지라도. 처음 만난 상대는 두 살이나 많은 6학년 형이었다. 아이의 뺨에 맺혔던 땀방울이 떠올랐다. 긴장해서 움츠러든 어깨가 떠올랐다. 아이에게는 오늘이 안전한 세계에서 보호받을 수 없는 세계로 나선 첫 번째 날이었다.

올해 초등학교 고학년이 되면서부터 나는 아이에게 복싱을 가르쳐야겠다고 생각했다. 우리 때와는 달리, 부족함 없는 세상이 됐지만, 그것은 부모가 버텨줄 때까지니까.

언젠가는 누구나 고아가 되는 법이다. 한걸음 뒤에서 등을 밀어주던 손이 더는 닿지 않고, 아이가 홀로 서야 하는 날은 온다.

이날 스파링은 예정 없이 이루어졌다. 코치가 해보겠냐는 의사를 물었을 때 아직은 이르다고 생각했다. 자기 머리만 한 스파링용 글러브를 휘두르기에는 몸이 여렸다. 상대는 키도 한 뼘이나 큰 데다 복싱을 제법 한 티가 났다. 가볍게 날리는 주먹에도 힘이 실려 있었다. 망설이다 아이에게 해보겠냐고 물었더니, 고개를 끄덕였다. 이 작은 존재의 고갯짓에 내 마음은 순간 출렁였다. 아마 아이는 그때까지도 링에 오른다는 것, 상대와 주먹을 섞고 때리고 맞는다는 게 뭔지 몰랐기에 수락했을 것이다. 이렇게 된 거 올려보자 싶었다. 혼자가 된다는 것, 혼자서 3분을 견뎌야 한다는 것을 자기 몸으로 겪어보게 하자 싶었다.

아이는 링에 올랐다. 시작종이 울렸고, 날카로운 금속음이 체육관을 가로질렀다. 한 뼘이나 큰 형은 아이를 내려다보며 글러브 터치를 했다. 부드러운 가죽이 부딪히는 소리로 스파링은 시작되었다. 둘의 스텝은 경쾌했다. 형은 치고 빠지는 인앤아웃 복싱 스텝을 구사했다. 정석적인 움직임에는 리듬이 실려 있었다. 형의 스텝을 본 순간, 아이와의 실력 차이가 확연하겠다고 생각했다.

아이는 긴장한 얼굴로 자잘한 스텝을 밟았다. 그 작은 발끝에 잔뜩 힘이 실려 있었다. 순간 멈칫하는가 싶더니 첫 번째 주먹을 아이가 먼저 날렸다. 예상치 못한 공격이었다. 이어 두 번째 주먹이 허공을 갈랐다. 아이는 겁도 없이 성큼성큼 거리를 좁혀가며 형을 링 코너로 몰아넣었다. 형을 주시하는 아이의 눈매는 매서웠다.

아이들이었지만, 가죽 글러브가 몸을 맞출 때마다 '펑펑' 소리가 났다. 호흡이 가빠오는 소리가 들렸다. 땀이 이마에서 볼로, 볼에서 턱으로 흘러내렸다. 아이들은 자신들의 묵직한 타격음에 점점 몰입해갔다.

종이 울리며 1라운드가 끝이 났다. 두 아이는 거친 호흡을 고르며 각자의 코너에서 다음 라운드를 기다렸다. 내가 더 할 수 있겠냐고 묻자 땀범벅이 된 아이가 내 쪽으로 얼굴을 돌렸다. 눈을 마주쳤고, 아이는 고개를 한 번 까딱였다. 그렇게 2라운드 3분, 3라운드 3분이 지났다.

드디어 마지막 종이 울렸다. 두 아이가 서로를 부둥켜안으며 훈훈하게 마무리되는 듯싶었다. 그런데 코너로 돌아오는 아이의 눈이 희미하게 떨리고 있었다. 링 밖에서 내려다보는 내 눈과 마주친 순간, 금세 눈물이 맺히더니 뺨을 타고 또르르 굴러떨어지는 게 아닌가. 순간 놀라서 허둥지둥 아이를 안으며 물었다. "아팠어?", "무서웠어?" 아이는 품에 안긴 채 한참이나 어깨를 들썩거렸다. 울음을 보이기 싫었던 건지, 아니면 벅차고 복잡한 자기감정을 어떻게 표현해야 할지 몰랐던 건지…. 아이는 표현할 수 없이 밀려드는 감정 속에서 울음을 참으려 안간힘을 쓰고 있었다. 나는 아이에게 말할 수 없이 미안했고, 뭉클했다.

자세히 보니 입가에 선홍색 핏자국이 보였다. 입속이 터져서 눈살이 찌푸려질 정도로 피가 흥건했다. 너무 놀라서 언제 이랬냐고 하니, 2라운드에 다쳤다고 한다. 그런데도 아프다는 내색도 없이 마지막 라운드까지 마친 것이다. "다쳤으면 다쳤다고 말하지 그랬어…" 속상해서 툭 내뱉은 말에 또 눈물이 그렁그렁하다. 가슴에 닿은 아이의 심장이 콩콩콩콩 빨리도 뛰었다. '아, 많이 긴장했구나, 힘들었겠구나' 내 마음도 아이의 심장처럼 가빠왔다.

집으로 돌아오면서 아이는 겨우 진정했고 언제 그랬냐는 듯 스파링 얘길 하면서 재잘거린다.

"지성아, 너 오늘 진짜 멋있었어."
머리를 쓰다듬는데 정수리가 아직 땀으로 흥건했다.

"너, 오늘 처음으로 싸워본 거야. 한 대 맞았을 때 무서웠을 거고, 맞고 나니 더 긴장됐을 거야. 링 밖에 아빠가 있어도 부를 수도 없고, 그 안에서 지든 이기든 네 힘으로 끝낼 수밖에 없다는 걸 알았을 거야."

"너 2라운드 때 기억나? 형한테 한 대 맞고도 바로 들어갔잖아. 아빠는 그때 움찔했거든. 무서울 법도 한데 전혀 주저하지 않더라. 그런 너를 보면서 아빠는 진짜 놀랐어."

"지성아, 살다 보면 지금처럼 꼭 몸이 아니라, 마음으로 싸워야 할 때가 더 많을 거야. 오늘처럼 너 혼자 감당해야만 할 일이 꼭 있을 거야. 너무 힘들고, 무서워서 도망치고 싶은데 어디로도 도망칠 수 없는 상황이 생길 거야."

"그때는 오늘을 기억해. 이기지 않아도 괜찮아. 고통의 시간은 긴 듯해도 짧아. 1라운드는 고작 3분이고, 3라운드를 뛰어도 9분이야. 그 시간을 버티면 다시 기회는 와. 그러니 오늘을 기억해. 무섭고 다쳐서 아프기도 했지만, 아빠는 오늘을 평생 잊지 못할 것 같아. 너의 첫 스파링을."

아이가 내 말을 어디까지 이해하고 받아들였는지는 모르겠다. 우리는 서로 손을 꽉 잡고 밤길을 걸었고, 아이는 말 많은 이 아빠의 말을 끝까지 들어줬다. 이대로 돌아갈 수는 없었다.

"지성아 아이스크림 살까?"

아이는 말이 나올세라 무섭게, "그럼…, 두 개? 세 개?" 하며 개구쟁이 얼굴을 하며 봄처럼 활짝 웃는다.

나는 거기에 하나를 더 얹었다.
"아니! 네 개!"
"오케이!"
아이가 '오케이'라고 하면 이제 '내 마음이 오케이니까 걱정하지 말라'는 거다.
그 말을 듣고서야 나는 안도했다.

그날 밤, 나는 오랜만에 아이를 껴안고 잤다. 잠든 아이를 보면서 고단하지만, 버티며 살아가는 나를 생각했고, 아이는 나보다는 사는 게 덜 힘들었으면 하고 생각했다. 아이의 부르튼 입술을 쓰다듬으며, 어느새 나도 깊이 잠이 들었다.

"한 번씩 아이의 잠든 얼굴을 볼 때면, 이 작은 존재가 언젠가는 혼자가 될 거라는 생각을 합니다. 그게 자연스러운 일이라는 걸 알면서도, 왜인지 마음 한편이 서늘해지지요.

오늘 아이의 첫 스파링을 지켜보면서도 그런 생각이 들었습니다. 링 위에 홀로 서 있는 아이의 뒷모습이, 언젠가 세상 속에 혼자 서게 될 그 아이의 모습과 겹쳐 보였거든요. 아이가 맞고도 물러서지 않는 모습을 보면서 이상하게 안도감이 들었어요. 아, 이 아이는 괜찮겠구나. 혼자가 되어도 견뎌낼 수 있겠구나 하는 마음이요. 물론 상처받는 아이를 보는 건 여전히 아프지만, 그 상처조차 아이에게는 필요한 것일지도 모른다는 생각이 듭니다.

부모라는 자리에 서면 언제나 양 갈래 길에 서 있는 기분입니다. 한쪽 길은 아이 곁에 바짝 붙어서 걷는 길이고, 다른 한쪽은 조금씩 거리를 두며 뒤따라가는 길입니다. 마음은 늘 첫 번째 길을 택하고 싶어 하지만, 머리는 두 번째 길이 옳다고 속삭입니다. 아이가 넘어질 때마다 달려가서 일으켜 세우고 싶은 마음과, 스스로 일어날 때까지 기다려야 한다는 마음. 이 두 마음 사이에서 흔들리지 않는 부모는 아마 없을 겁니다.

아이러니한 일이죠. 사랑하니까 곁에 있고 싶지만, 사랑하니까 떠날 준비를 시켜야 하고. 보호하고 싶은 만큼 홀로 설 수 있게 해야 하고. 어쩌면 부모가 된다는 건, 이런 모순을 안고 살아가는 법을 배우는 일인지도 모릅니다."

6 내가 형이니까요

첫 스파링에서 피를 봤음에도 아이는 복싱을 재밌어했다. 아이의 두 번째 스파링도 불시에 찾아왔다. 2주 만의 스파링이었는데 다행히 이번에는 다친 데 없이 잘 끝났다.

2라운드 종료 후, 이번에는 5학년 아이가 6학년 형의 상대로 링에 올랐다. 짧은 머리, 동글한 얼굴에 포동포동한 몸을 한 귀여운 친구였다. 복싱 기본기는 돼 있었지만 역시나 선수급인 형에게는 역부족이었다. 주먹이 오가는 중에 한 방이 아이의 명치에 적중했다. 순간 아이는 허리를 푹 숙였고, 빈틈을 보인 옆구리로 양쪽 주먹이 한 방씩 정확히 꽂혔다. "그만." 그때 아이의 상태를 살피기 위해 코치가 스파링을 중지시켰다.

울상이 된 아이는 링 중앙에 서서 울지 않으려고 눈물을 참고 있었다. 코치가 아이를 코너로 불렀다. 어른 가슴께도 오지 않는 이 작은 녀석에게 코치는 사뭇 진지한 투로 얘기했다. 뜻밖의 얘기였다.

"20초 남았어. 그만둘 거야?"
코치는 아이에게 눈을 맞추면서 아이의 대답을 기다렸다.
"아니요." 말은 짧고 단호했다.
"그래, 겁내지 말고 20초 동안 다 쏟아붓고 와."

나는 감탄했다. 남의 아이지만, 나 같았으면 안쓰러워서 괜찮냐는 말부터 했을 것 같은데, 코치의 주문은 냉정하고 명료했다. 나는 곧이라도 아이가 눈물을 터뜨릴 거라 생각했다. 그런데 울기는커녕 헤드기어를 고쳐 쓰고 전의를 다지는 게 아닌가. 부모라면 어떻게든 링에서 내려오게 했을 텐데…. 시쳇말로 이때 '심쿵'했다. 저 단호한 결의는 어디서 나오는 것일까. 거기에는 코치의 태도가 분명 영향을 미친 듯했다.

할지 말지를 물으면, 거기에는 다른 선택지가 없다. 이 질문은 아이를 도망갈 수 없게 한다. 그리고 선택한 이상, 해야만 한다. 이번 선택은 앞으로 아이의 삶에 닥칠 수백만 번의 선택 중 하나이고, 수백만 번의 다른 선택과 비교해도 결코, 가볍지 않은 일이었다.

그렇게 잠시 중단되었던 스파링은 다시 시작되었다. 마지막 20초, 종이 울리자마자 아이는 형을 향해 돌진했다. 그러고는 사정없이 주먹을 휘둘렀다. 형은 가드를 단단히 하고 날아드는 주먹을 몸으로 받아냈다. 그러면서도 자신은 주먹을 내지 않았다. 스파링은 서로를 다치게 하기 위한 시합이 아니다. 말 그대로 기술을 단련하는 훈련이다. 고의는 아니었지만, 동생을 아프게 한 미안함에 자기를 마음껏 공격해볼 수 있도록 형은 몸을 내어 주었다. 고작 6학년 녀석이 어떻게 저런 마음을 가질 수 있는지. 그 모습을 보는데 가슴이 뻐근해 왔다.

스파링이 끝날 때까지 지성이는 두 형의 스파링에 몰두해 있었다. 그런 지성이에게 코치가 다가왔다. "지성아, 방금 뭐 느낀 거 없어?" 아이는 난감한 표정을 지으며 뭐라도 대답하려 했지만, 뭐라 해야 할지 모르겠다는 표정을 지었다.

"배려…, 6학년 형이 마지막에 가드만 올리고 주먹을 다 받아 줬지? 미안하다는 뜻이야. 스파링은 서로를 다치게 하려고 하는 게 아니니까. '아까는 내가 실수로 널 때렸어. 아팠지? 미안해'하는 뜻이야."

코치의 말을 옆에서 듣고 있는데, 내가 왜 복싱을 사랑하고 여기에 푹 빠지게 됐는지 이해하게 됐다. 흥분하면 힘이 들어가고 그러면 상대를 배려할 여유를 잃게 된다. 모든 일은 감정을 다스리지 못하는 데서 시작된다. 자기감정을 다스리지 못해 약속된 대련을 하지 못했을 때는 그 즉시 사과하고, 상대에게도 기회를 주는 것이다. 이런 성숙한 배려를 갓 6학년 된 아이는 알고 있었다.

신발 끈을 푸는 아이에게 음료를 건네며 물었다. 마지막에 왜 맞아 주기만 했냐고. 아이는 내 질문이 의아하다는 듯, "제가 형이잖아요." 그러고는 휙 돌아서 체육관을 나서는 게 아닌가. '끝까지 멋진 녀석' 그 말이 얼마나 예쁘던지.

"코치님, 애들 정말 대단하네요. 어쩌면 이래요?"라고 하니, 코치의 말이 명언이다. "몸만 작지, 링에 올라가면 애어른이 어딨어요. 복서만 있죠. 애들도 그걸 알아요. 여기 들어가면 스스로 해결하고 나와야 한다는 걸요. 애들 무르게 보지 마세요. 그 속에 단단한 게 들어 있다고요."

그러게 말이다. 오늘 내 눈으로 봤다. 그 작은 몸에 짱돌같이 묵직한 무언가가 들어 있는 걸 말이다.

"'제가 형이잖아요'라고 말하며 돌아서던 6학년 아이의 뒷모습을 생각해 봅니다. 그 한마디에는 책임감과 배려가 자연스럽게 체화되어 있었습니다.

그날 링 위에서 벌어진 일은 관계의 아름다운 일면을 보여 주었습니다. 상대를 아프게 한 미안함을 몸으로 표현하는 법, 자신이 더 강하다는 것을 과시하지 않고 오히려 약한 상대를 배려하는 법을 아이들은 알고 있었습니다.

어른이 된다는 것이 무엇인지 생각해 봅니다. 그것은 나이를 먹는 것도, 몸이 커지는 것도 아닐 것입니다. 오히려 자신보다 약한 존재를 보호하려는 마음, 약속한 것을 끝까지 지키려는 의지, 그리고 상대의 아픔에 공감할 줄 아는 능력을 갖추어가는 과정이 아닐까 싶습니다.

그날이 마음에 남는 이유는, 거기서 인간만의 소중한 미덕을 보았기 때문일 겁니다. 힘을 함부로 쓰지 않는 절제, 약해도 끝까지 해내려는 의지, 그리고 무엇보다 타인을 배려하는 마음이 그렇습니다.

링에 올라가면 애어른이 어디 있냐고 했던 코치의 말을 되새겨 봅니다. 어쩌면 우리는 각자의 링 위에서 때때로 그런 순간들을 만나고 있는지도 모르겠습니다. 자신이 어떤 사람인지, 어떤 사람이 되고 싶은지를 선택해야 하는 순간들 말입니다."

7

밥은 밥공기에
반찬은 예쁜 반찬 그릇에

퇴근이 늦으면 밥 시간도 늦어진다. 어른이니 알아서 챙겨 먹으면 그만이겠지만, 때로는 밥을 거르고 싶은 충동이 들기도 한다. 그저 먹기 위해 먹어야 하는 밥은 더 그렇다.

늦은 밤, 밥을 먹으려면 우선 식탁 위에 무질서하게 쌓인 물건들을 한쪽으로 밀어야 한다. 그렇게 반찬을 놓을 자리를 마련하는 일부터가 일이다. 냉장고 문을 열고 김치와 마른반찬 통을 꺼내 뚜껑을 연 채로 식탁에 올려두고, 밥솥 바닥에 남은 밥을 긁어 그릇에 담는다. 옷을 갈아입을까, 손을 씻고 올까, 하는 사소한 고민들이 식탁을 차리는 동안 머릿속을 맴돌다가 의자 위로 털썩 몸을 맡기는 순간 홀연히 사라진다.

이런 밤의 식사는 외로움의 다른 이름이기도 하다. 하루의 끝자락에서 나를 위해 차린 밥상, 그 소박함 앞에서 나는 다시 나를 만난다. 쓸쓸함과 위안이 공존하는 그 순간이 하루를 마무리하는 의식이 된다.

밤의 침묵 속에서는 젓가락 놓는 소리조차 유난히 크다. 이것이 늘 '밥'이 늦은 우리들의 익숙한 '밤' 풍경이 아닐까. 낮에는 세상의 질서에 맞춰 타인의 기대에 부응하며 살다가, 밤이 되어서야 낮의 얼굴을 벗는다. 그러다 늦은 밤 홀로 밥상 앞에 앉으면 종일 억누르고 있던 것들이 간혹 모습을 드러낸다. 성과에 대한 조바심, 타인과의 비교, 나이에 내몰리는 마음, 정년까지 남은 시간에 대한 불안 같은 것들 말이다.

총각무가 우두둑 씹히는 소리가 턱뼈를 타고 귓전을 울린다. 늦은 밤에는 유독 그 소리가 더 크게 들린다. 세상의 모든 소리가 사라진 시간, 무 씹는 소리는 고독하지 않다는 일상의 착각으로부터 나를 소환해 적막한 밤 앞에 앉혀둔다. 실수다. 이런 날, 하필 총각무라니. 밤에는 총각무를 피했어야 했다.

늦은 밤 혼자 먹는 밥은 부드러운 게 좋다. 하얀 밥공기에 담긴 따뜻한 밥, 예쁜 그릇에 정갈하게 담긴 반찬. 어지러운 식탁을 말끔히 치우고 그 위에 고운 그릇들을 차근차근 올려놓으면, 내가 나를 아끼고 있다는 감각이 조용히 스며든다.

음식을 정성스럽게 차리고, 천천히 먹고, 그릇을 깨끗이 씻어 제자리에 돌려놓는다. 이 작은 의식들을 거치다 보면 늦은 밤의 식사는 단순한 외로움이 아닌 다른 의미를 갖게 된다. 오늘 하루를 버텨낸 나 자신을 돌보는 시간, 그리고 오늘이라는 날에 가까스로 도달한 내 존재를 생각하게 하는 소중한 시간이 되는 것이다.

이렇게 말하면 먹고 사는 일에 참 유난을 떤다고 할지 모르겠다. 하지만 내게는 그 반복되는 유난스러움이 하루하루를 지탱하는 소중한 힘이다. 때로는 너무 정신없어서 삶의 의미 따위는 생각할 겨를도 없이 살아가지만, 그렇다고 의미 자체를 놓아 버릴 수는 없는 노릇이다. 적어도 내가 나를 위해 차리는 밥만큼은 의미를 두고 싶다.

혼자 먹는 밥상일수록 더 정갈해야 한다. 그건 자신을 대하는 예의다. 세상의 소란 속에서도 나를 잃지 않겠다는 조용한 다짐이기도 하다. 나답게 살아간다는 건 결국, 그런 작은 다짐들의 연속이니까.

"흔히 우리는 혼식을 외로움과 동일시하지만, 그 시간이야말로 자신과 깊이 마주할 수 있는 순간일 수 있습니다. 식탁을 정리하고, 예쁜 그릇을 꺼내 음식을 담는 정성스러운 몸짓에서 저는 저를 향한 존중을 의식하게 됩니다.

우리는 타인에게는 늘 지나치리만큼 신경 쓰면서도, 정작 자신에게는 무관심합니다. 마치 자신은 그런 정성을 받을 자격이 없는 존재인 양 말입니다.

내가 나를 정중하게 대한다는 것, 그것은 단순한 자기 관리를 넘어서는 의미를 가집니다. 상차림은 내가 나와 맺고 있는 관계의 질을 단적으로 드러내는 상징입니다. 내가 나라는 존재를 어떻게 인식하고 있는지가 식탁 위에서 드러납니다.

아무도 없는 밤, 홀로 앉은 식탁 앞에서 우리는 자신을 사랑하는 방법을 배워가야 합니다. 예쁜 그릇을 꺼내고 식탁을 정갈하게 정리하는 것은 자기 존중의 실천입니다. 그 작은 실천으로 당신은 자신과 새로운 관계를 맺게 될 것입니다."

8   제주의 푸른 밤

제주도 군 복무 시절, 당시 나는 한경면 용수리라는 해안가의 작은 초소에서 근무했었다. 전 대원이라고 해야 열여섯 명에 불과한 작은 소대에 딸린 분대였다. 이십 년 전의 제주도는 해안도로가 나기 전이어서 바다를 보려면 구불구불한 마을 길을 걸어서 들어와야만 했다. 내륙을 일주하는 도롯가에 버스가 서면 거기서부터 해안초소까지는 진초록의 마늘밭이 펼쳐졌다. 그때까지 깐 마늘만 먹어봤지 땅을 뚫고 하늘을 향해 자라는 마늘 줄기를 본 건 처음이었다. 정오의 태양이 마늘밭 위로 떨어지면 초록은 눈부시게 선명했다. 사람들은 제주 하면 바다를 먼저 떠올리겠지만, 나에게 마늘밭은 늘 바다보다 한 걸음 앞선 제주의 그리움이었다. 그건 지금도 그렇다.

마늘밭을 가로질러 가다 보면 아스팔트로 포장된 마을 길을 지나게 되는데, 담벼락이 낮아서 집안 살림살이가 훤히 보였다. 내 살림을 타인에게 드러내는 것에 어떤 경계도 없는 섬마을 사람들의 정은 구들장처럼 뜨뜻하고 느긋하기만 했다. 통성명 없이도 군복을 입고 지나가면 김치를 싸주기도 했고, 물질해서 막 따온 거라며 손바닥만 한 전복을 두어 개씩 손에 들려 주기도 했다. 외지 사람들의 접근이 뜸했던 용수리는 대를 이어 살아온 주민들의 따뜻한 정이 고스란히 보호되고 있었다.

어스름한 저녁이 되면 밥 짓는 냄새가 바람을 타고 초소 안까지 넘어왔다. 노을이 서쪽으로 밀려가고 하나둘 전등불 켜지듯 별이 제자리를 잡아가면 마을의 밤도 까맣게 깊어져 갔다.

밤이 되면 해안가에서 밤새 경계근무를 서는데, 넋 놓고 바다만 바라볼 수 있는 그 시간이 나는 말할 수 없이 행복했다. 차귀도 너머로 달이 차오르면 까만 하늘은 물감이 번지듯 보랏빛으로 변해갔다. 포구를 떠난 작은 어선들이 수평선에 늘어서 불을 밝히면 제주의 푸른 밤은 잠들지 않고 밤새 깨어 나를 위로해 주었다.

아름다운 걸 눈앞에 두고도 갖지 못하면 마음은 안달이 났다. 무엇으로라도 표현하고 싶은 이 바다를 도저히 어쩌지 못해 시작한 것이 '시'였다. 손 수첩에 휘갈기듯 시를 썼고, 이야기를 지으면서 밤을 보냈다. 하지만 낯부끄럽다는 생각이 들어 제대하면서 다

태워 버렸다. 그것이 지금도 두고두고 후회되는 일 가운데 하나다.

그곳에서는 나의 시선이, 나의 손끝이 종이 위에 닿을 때마다 새로운 세계가 피어났다. 충고의 말도, 비난의 시선도, 판단의 손길도 닿지 않는 나와 하얀 종이 사이에 제주의 바다가 있었다. 나를 가둔 존재의 윤곽이 제주의 밤바람에 조금씩 흐려질 때마다 낯선 세계가 경계를 넘어 물처럼 밀려왔다. 경계 너머의 하늘은 낮고, 별은 가까웠다.

넘실거리는 바다는 내 안에 가라앉아 있던 상념들을 조용히 수면 위로 끌어올렸고 그것은 그때마다 소금처럼 하얀 시가 되었다. 나는 제주의 물빛을 닮아갔다.

제대 후에도 매년 제주도에 갔다. 공해상의 어선도 차귀도 너머 달빛도 불어오는 바람도 깊은 어둠도 변한 것 없는 그곳에서 은밀히 보관해둔 황홀을 가슴 가득 눌러 담아 돌아오고는 했다. 그러면 도시에 살면서도 단 며칠간은 글이 써졌다. 지하철에서도, 머리를 대고 누웠다가도 생각이 나면 몇 자라도 쓰고 잠이 들었다.

글을 쓸 때면 숨이 트였다. 막혔던 일상이 글 속에서는 다시 흐르기 시작했고, 굳은살처럼 두꺼워진 마음도 그때그때 깎여나갔다. 제주와 이어진 숨구멍을 통해, 나는 육지에서도 숨 쉬고 살 수 있었다.

하지만, 시골에서 자란 내게 서울은 늘 낯설고 버거운 곳이었다. 글 쓰던 자투리 시간은 해야 할 일들에 어느새 밀려났다. 사는 일이 바빠서 제주를 잊은 사이에 몇 해가 지났고, 제주도에 일주도로가 완성되었다는 소식이 들려왔다.

이제 제주는 내륙에서 해안으로 난 좁은 시골길을 통하지 않더라도 바다에 닿을 수 있게 되었다. 마을을 거치지 않고 해안을 달리는 차들은 빠르게 늘었다. 병풍처럼 마을에 가려졌던 은밀한 나만의 공간이 발가벗겨진 채 관광자원으로 전시되었을 때 나는 뼈아픈 상실감을 느꼈다. 마늘밭을 거치지 않고, 낮은 담을 따라 걸어보지 않고 해안에 닿을 수 있는 제주는 뭐랄까… 그냥 싫었다. 애인을 빼앗긴 것처럼.

쉽게 닿을 수 있는 공간이 사무치게 그리울 수는 없는 것이다. 나는 나에게 말을 걸어 줄 공간이 필요했다. 제주는 늘 온몸으로 내게 말을 걸어왔었다. 먼지 풀풀 날리는 시골 버스정류장이, 흙 고랑 옆으로 펼쳐진 초록의 드넓은 마늘밭이, 경계하지 않는 사람들의 살가운 정이, 낮은 담벼락이, 생업을 위해 포구를 나서는 작은 어선들이, 깜빡거리는 양철 가로등이, 서쪽으로 지는 타는 노을이, 밤을 밝히는 차오르는 달빛이…, 이 모든 자연의 언어가 한꺼번에 몰려들어 품에 안길 때 나는 힘겨울 정도로 가슴이 벅찼다.

전시된 제주가 보기 싫어 한동안 남쪽과 등을 지고 살았다. 하지만 제주에서 혼자만 멀어진 게 내내 아쉽고, 괜히 나만 손해 보는 듯한 서운한 기분은 떨쳐낼 수 없었다. 결국, 몇 해가 지나서야 다시 제주를 찾았는데, 떠나는 날 나는 인적 드문 밤 행을 택했다. 마지막 비행기를 타고 한 시간을 날아간 비행기가 서서히 고도를 낮추기 시작했을 때, 어둠 저편에 제주가 희미하게 보이기 시작했다. 불을 밝힌 어선들은 깜깜한 바다 위에 반딧불이처럼 출렁이고 있었다. 변함없는 밤, 변함없는 바다, 변함없는 제주였다. 연인의 부드러운 팔이 가만히 내 어깨에 얹히는 기분이었다. 여전한 보랏빛 하늘과 그 빛을 닮은 바다. 나는 다시 설렜다.

공항에 내리자마자 택시를 잡아타고 한경면 용수리로 향했다. 차창 밖을 올려다보니 낮 동안 데워진 달은 온기가 달아날세라 등을 말고 꾸벅꾸벅 졸며 기울고 있었다.

사람은 물이어서 담는 대로 형태가 잡힌다. 아름다운 곳에 담으면 아름다워진다. 제주에 담기면, 사람은 그냥 제주가 되는 것이다. 인색했던 말의 빗장이 풀리고 느닷없이 '당신은 좋은 사람이에요, 그 마음 이해해요, 괜찮아요, 힘내요'라는 말을 퍼붓고 싶다. 누군가에게라도… 그냥 좋은 사람이 되고 싶다. 사람은 물이니까. 사람은 원래 착하니까.

내다 버린 물그릇을 찾으러 온 그 밤, 한경면 용수리 포구의 하늘은 아름다웠다.
나는 달과 별을 담은 그릇 아래로 첨벙 뛰어들었다.

"사람은 물이어서 담는 대로 형태가 잡힙니다. 물은 스스로 형태를 갖지 못합니다. 어떤 그릇에 담기느냐에 따라 둥글어지기도 하고 모나지기도 합니다. 사람도 그와 같지 않을까요. 우리는 생각보다 유연한 존재입니다. 어떤 환경에 놓이느냐에 따라 전혀 다른 모습으로 변할 가능성을 품고 있습니다.

아름다운 곳에 담기면 아름다워진다는 것은 환경이 우리에게 미치는 실질적 영향에 대한 통찰입니다. 아름다운 풍경 앞에 서면 마음이 넓어지고, 고요한 자연 속에 있으면 마음도 고요해집니다. 이것은 일시적 기분 변화가 아니라 존재론적 변화입니다.

제주에 담기면 제주가 된다는 것, 그것은 그곳의 시간과 공간, 빛과 바람, 사람들의 정이 안으로 스며들어 내면을 변화시킨다는 의미입니다. 우리가 그곳을 경험하는 것이 아니라, 그곳이 우리를 경험하게 만드는 것입니다.

사람들이 여행을 떠나고 자연을 찾는 이유도 여기에 있습니다. 일상의 각진 그릇에서 벗어나 다른 형태의 그릇에 자신을 담아보고 싶은 것입니다. 새로운 그릇에서 발견하는 새로운 자신을 통해 자신의 가능성을 확인하고 싶은 것이지요.

하지만 중요한 것은 그릇을 선택하는 것입니다. 우리에게는 어떤 그릇에 담길지 선택할 자유가 있습니다. 물은 수동적으로 그릇에 담기지만, 사람은 능동적으로 자신이 담길 그릇을 고를 수 있습니다. 어떤 사람들과 함께할지, 어떤 장소에서 시간을 보낼지, 어떤 책을 읽고 어떤 음악을 들을지 말입니다.

우리가 무엇이 될지는 우리가 무엇에 담기느냐에 달려 있습니다. 아름다운 것들에 자신을 담을 때, 우리는 아름다운 사람이 됩니다. 사랑하는 사람들과 함께할 때, 우리는 사랑스러운 사람이 됩니다.

오늘 나는 어떤 그릇에 나를 담고 있는지 돌아보게 됩니다. 그리고 내일은 어떤 그릇을 선택할지 생각해 봅니다. 사람은 물이라서 언제든 새로운 형태로 변할 수 있으니까요."

9   달리기와 책

먼지 앉은 선반 뒤편에서 복싱 글러브가 발견됐을 때, 나는 잠시 그것을 바라보았다. 한때 내 손에 꼭 맞았던 파란 가죽은 어느새 딱딱하게 굳어 있었다. 손가락으로 살짝 눌러 보니 탄력을 잃은 가죽은 움푹 들어간 채 되돌아오지 않았다. 응고된 시간이 보였다. 글러브만이 아니었다. 나 역시 전과는 다른 모습으로 변해 있었다.

그날 저녁, 동네 목욕탕의 낮은 천장 아래에서 나는 무심결에 체중계에 발을 올렸다. 차가운 금속판이 발바닥에 닿는 순간, LED 화면이 깜빡이며 붉은 숫자를 드러냈다. 76. 그것은 몸뚱이의 무게만은 아니었다. 지난 일 년 차곡차곡 퇴적되어 온 삶의 무게였다. 그 모든 것이 '76'이란 숫자속에 압축되어 있었다. 거울 속 얼굴을 마주했을 때, 그것은 분명 내 얼굴이면서 동시에 낯선 사람의 얼굴이기도 했다. 인정하고 싶지 않은, 그러나 부인할 수도 없는 얼굴이었다.

무게는 서서히 쌓인다. 놓쳐 버린 기회, 무너진 계획, 흔들린 마음, 멀어져간 사람… 이 모든 것들이 퇴적물이다. 밀려드는 것을 나는 통제할 수 없었다. 통제할 수 없는 것 앞에서 무력감을 느낄 때마다, 나는 무언가를 찾아 헤맸다. 그것이 음식이었다.

씹고 삼킬 때 채워지고 차오르는 감각. 그것은 일시적으로나마 내 속의 허기를 달래 주었다. 밤이 깊어질수록 배고픔은 더욱 심해졌고, 나는 번번이 그 앞에서 무너졌다. 먹는다는 것은 일시적 위로가 되었으나, 동시에 삶의 또 다른 퇴적물이기도 했다. 몸이 무거워질수록 마음이 게을러졌고, 미루는 일들이 하나둘 늘어갔다.

그렇게 한때 순조롭던 일상들은 서서히 나를 비껴가기 시작했다. 조금씩 어긋난 것들을 원래 자리에 끼워 맞추려 할수록 삶은 분주했다. 시간은 부족했고, 나는 그 부족함 앞에서 오히려 더욱 계산적이고 기계적으로 나를 몰아붙였다. 새벽 다섯 시에 일어나 몸을 씻고, 전날 밤 가지런히 챙겨둔 옷을 입고, 택시를 불러 출근하는 일. 모든 것이 순서대로 흘러갔지만, 그 반복 속에서도 나는 조금씩 아주 조금씩 소진되어가고 있었다. 마치 천천히 새어

나가는 공기처럼, 나조차도 모르는 사이에.

어느 오후, 카페에서 커피를 마시고 나와 작업실로 돌아가는 길이었다. 그때 병풍처럼 선 웅장한 남산이 눈에 들어왔다. 매일 보는 풍경이었는데도, 그날은 달랐다. 무슨 계시라도 받은 듯 나는 홀린 걸음으로 남산을 올랐다. 둘레길에 접어들자 셔츠가 흠뻑 젖도록 달리는 사람의 무리가 눈에 들어왔다. 숨을 고르는 입술의 떨림이 보였다. 매끄러운 근육이 아스팔트를 박차는 운동화의 경쾌한 소리가 들렸다. 나는 엄지와 검지로 두툼해진 옆구리를 쓰다듬고 있었다. 그때 앞뒤 맥락도 없이 한 가지 생각이 불같이 일었다. 달려야겠다고.

피치를 올리며 빠르게 멀어지는 그들을 보았을 때, 그때 내 안에서 어떤 극적인 점화가 일어나는 느낌을 받았다. 책을 읽다 가슴을 후려친 문장처럼.

러너의 다리는 확신에 차 있었다. 거기에는 힘이 있었다. 그 힘에는 어떤 현실을 돌파하려는 의지가 묻어났다. 그 힘이 나에게는 한계라는 벽에 균열을 내는 작은 망치질처럼 느껴졌다.

둘레길은 작업실에서 걸어서 5분 거리에 있었다. 달리기란 운동화 한 켤레면 충분한 일이었다. 삶의 방향이 바뀌는 건 대개 이런 작은 우연에서 시작된다. 복잡한 문제의 해법이 의외로 단순한 데 있는 것처럼. 운동화를 신으며 나는 왠지 마음이 들떴다.

전에 해보지 않았던 일을 시작한다는 느낌은 17년 전 창업을 했을 때와 8년 전 출판기획자로서 첫 책을 제작하던 날의 설렘과도 비슷했다. 가능성 앞에 서는 일은 언제나 두려움과 기대가 뒤섞인 감정을 불러일으켰다. 그 감정은 익숙하면서도 매번 새로웠다. 달리기도 그랬다.

첫날, 5km를 목표로 뛰었다. 500여 미터를 남기고 숨이 턱 끝까지 차올라 하마터면 걸음을 멈출 뻔했다. '내 상태가 이 정도일 줄은…' 어쩌면 모든 변화의 시작은 이처럼 낯설고, 생각지도 못한 자신의 초라함으로부터 비롯되는 것인지도 모른다.

다음 날 아침, 나는 또다시 운동화를 신고 있었다. 몸은 평소의 관성을 따랐고, 어떤 일이든 시작하면 끝까지 가야 하는 습성이 나를 다시 아스팔트로 이끌었다. 나는 목표를 세우면 가장 먼저 스스로 달아날 수 없는 규칙부터 정하는데, 달리기도 그랬다. '일주일에 세 번만 달리자.'라는 약속의 감옥에 나를 집어넣고 그날부터 달리기 시작했다.

인생에서 자기와의 약속을 지키는 일은 무엇보다 중요하다. 일의 결과는 과정의 합이기 때문이다. 물론 과정이 옳아도 실망스러운 결과를 얻을 때가 있지만, 그렇다고 과정 자체가 부정되는 것은 아니다. 오히려 어떤 결과든 결과를 딛고 오류를 수정하게 만드는 지혜는 과정에만 존재한다.

비가 오는 날에도, 일이 늦어지는 날에도 퇴근 후에는 운동화 끈을 묶고 밖을 나섰다. 처음 한 달 동안 달리는 내내, 내 안에서는 '이제, 그만'이라는 목소리와 '한 걸음만 더'라는 목소리가 끊임없이 다투었다. 그 언쟁은 삶의 다른 영역에서도 똑같이 계속되고 있었다.

2018년 출판기획자로서 첫 책을 만들었으니, 햇수로만 8년이 흘렀다. 가보지 않은 분야여서 조심스러운 걱정이 있었지만, 기획의 본질은 어디서나 같다고 여겼기에 내심 기대도 있었다. 그러나 신간을 낼 때마다 번번이 외면받았고, 나중에는 '이번에도 실패를 향해서 의미도 없는 일을 하는 건 아닌가.' 하는 자기 의심에 빠지기에 이르렀다. 시작하는 것도 두려웠고, 결과를 기다리는 일도 두려웠다.

기획만 하는 것과 출판 전체를 책임지는 일의 무게는 분명히 달랐고, 그 차이 앞에서 나는 갈수록 초조해졌다. 그때도 지금처럼 그만두자는 마음과 한 번 더 해보자는 마음이 내면에서 끊임없는 힘겨루기를 벌이고 있었다.

그때 달리기를 시작했다. 지난 1년간 남산 둘레길을 달리면서 서서히 새로운 생각이 움트는 것을 느꼈다. 흥미롭게도, 출판의 세계에서 겪었던 한계의 문턱이 달리기에서도 똑같이 재현되고 있었다. 그러나 매번 하루치의 목표를 이루고 작은 한계를 넘어서는 과정에서 달리기는 내게 전혀 다른 시선을 열어 주고 있었다. 달리기에서도 그만두자는 마음과 계속하자는 마음의 힘겨루기는 여전했지만, 5km, 6km, 10km… 지금껏 달려보지 못한 거리를 넘어서는 '뜀' 속에서 갈등은 점차 새로운 의미를 갖기 시작했다.

달리기를 시작한 지 한 달째 되던 날, 나는 10km를 완주했다. 몸의 변화는 미미했지만 심리적인 변화는 컸다. 달리기에는 고정된 목표가 없다. 뛰다 보면 거리는 차츰 늘어나게 되고, 나는 그만큼 더 뛸 수 있는 존재로 성장해간다. 달리기의 거리 목표가 계속 상향 조정되어도 목표를 향하는 과정 자체는 변하지 않는다. 호흡을 잃지 않고 페이스를 유지하는 것, 달리는 과정은 단순하다. 뛰면 뛸수록 그 단순함이 내면의 갈등을 자연스럽게 정리해 주었다. 이유 따윈 없다고, 달리다 보면 더 멀리까지 갈 수 있다고.

더는 완주에 대한 두려움은 없다. 오늘이 아니라면 내일, 내일이 아니라면 모레에는 결승선에 닿을 수 있으리라는 확신이 있기 때문이다. 이 확신은 조금씩 거리를 늘리면서 근거 있는 믿음이 되어갔다.

달리기는 새로운 저자를 발굴하고, 원고의 방향을 잡고, 글을 수정해가는 지난하고 긴 출판의 과정과 놀랍도록 닮아 있었다. 둘 다 페이스를 유지하고 멈추지만 않으면 결국에는 될 일이다. 하지만 책을 만들면서는 그 좌절을 반복하다 출판 자체를 포기할까 하는 생각도 했었다.

달리다 보면 숨이 턱까지 차오르는 고비가 있다. 하지만 그 너머에는 내리막이 있고, 기록에 대한 욕심만 내려놓으면 호흡은 자연스럽게 돌아온다. 그제야 길옆으로 펼쳐진 풍경도 눈에 들어오는 것이다.

달릴 때 나를 지켜보는 나의 시선은 때로는 따스하고 때로는 냉정하다. 이것은 근본적으로 사랑에 가까운 시선이다. 스스로를 격려하는 응원의 말과 끝까지 달리겠다는 고독한 약속만이 난무

하는 것이다. 이렇듯 달리기는 고통의 흔적을 다리에서 몸으로 새기는 일이다.

책을 만드는 일 역시 이와 다르지 않다. 책을 만드는 일은 내면의 세계에 형태를 부여하는 일이다. 달리기가 육체에 각인되는 경험이라면, 책을 만드는 일은 정신에 형태를 부여하는 경험이다. 이 둘은 추상을 구체로, 관념을 실체로 만드는 일이며, 밤하늘의 별들이 저마다의 빛으로 어둠을 가로지르듯, 타인이 대신할 수 없는 여정이다. 달리면서, 또 책을 만들면서 나는 이 고독한 여정의 의미를 정직하게 알아가고 있다.

그렇게 달리는 동안 몸무게는 71kg으로 돌아왔고, 부실했던 다리는 돌처럼 단단해졌다. 드러난 육체의 변화뿐만 아니라 내면에도 변화가 찾아왔다. 일하는 방식이 달라진 것이다. 완벽함이라는 환영을 좇기보다 과정에 충실한 방향으로 태도가 바뀌어갔다. 그렇게 1년이 지났고, 이제 나는 25km를 달릴 수 있게 되었다.

달리고, 책을 만들고, 또 달리고, 또 책을 만드는 날들이 겹치며 쌓여갔다. 그러다 2025년 3월, 일어나자마자 습관처럼 핸드폰을 들고 인터넷 서점에 접속했는데, 눈에 익은 제목에 시선이 멈췄다. 순간 눈을 비비고 다시 화면을 보았다. 국내종합베스트셀러…. 내가 기획한 책이었다. 어둡고 차가운 새벽 공기 속에서, 제목이 선명하게 빛나고 있었다.

믿기지 않아 몇 번이고 손가락으로 화면을 쓸어내렸다. 새로고침을 해도 그 제목은 그대로였다. 착각도 꿈도 아니었다. 그 책은 정말로 거기 있었다. 꽃샘추위가 막 시작된 어슴프레한 새벽, 책의 제목은 사라지지 않고 액정 속에서 별처럼 빛나고 있었다.

이 순간을 늘 상상했지만, 막상 현실이 되니 이상하게 담담했다. 뭐랄까. 그동안 이 장면을 수십 번은 머릿속으로 그려봤을 텐데… 리스트에 책 제목이 있는 것을 보고도 웃음은 나지 않았다. 기다림의 끝에는 기쁨만 있을 줄 알았는데, 짧은 환희가 물러간 자리에는 오히려 깊고 긴 고요가 그 자리를 채웠다.

생각해 보면 달리기도 그랬다. 달리는 내내 완주하는 순간만 생각하지만, 막상 결승선을 통과하면 기쁨도 잠시, 마음은 금세 차분해졌다. 달리면서 깨달은 게 있다. 달리기의 끝은 새로운 출발이라는 것이다. 그러니 도달한 순간 시작을 떠올리게 되고, 기쁨에 머물기보다는 곧바로 새로운 정신으로 대체하는 것이다.

무아지경으로 달리다 문득 고개를 들었을 때 보이는 예상치 못한 풍경처럼, 오늘 새벽에 확인한 결과는 운과 인내 그리고 저자의 노력이 한 점에서 만나 빚어낸 '미시적으로는 우연이고 거시적으로는 필연'일 수밖에 없는 결과였을 것이다. 달리기에서 배운 마음가짐이 책 만들기에도 자연스레 스며들었다. 될 일은 된다는 믿음. 그 확신이 흔들릴 때마다 다시 한 걸음을 내딛게 만든 것이 달리기였다.

이제 내 앞에는 새로운 도전이 기다리고 있다. 가을, 경주에서 열리는 마라톤 대회에 참가해 풀코스에 도전하려 한다. 42.195km의 여정은 지금까지와는 차원이 다를 것이다. 육체와 정신의 한계를 시험하는 극한 도전이 될 것이다. 길이란, 직접 걸어봐야만 알 수 있다. 25km 완주가 가르쳐준 진실이 있듯, 42.195km의 길에서도 나를 기다리는 깨달음이 있으리라. 경험한 것만이 내 것이 되니까.

마라톤을 완주하는 일도, 책을 만드는 일도 결국은 한 걸음씩 나아가는 과정의 힘을 믿을 때 가능했다. 새로운 결승선을 향해 나아가는 이 여정에서도, 달리기에서 배운 인내와 믿음이 나를 끝까지 이끌어 주리라 믿는다.

내가 자처한 모든 순간의 고통을 나는 사랑할 것이다.

"저는 성취를 하나의 극적인 순간으로 여겨왔습니다. 하지만 종합베스트셀러 목록에서 제가 기획한 책을 발견한 그 순간, 예상했던 감정은 사라지고 차분한 정적만이 감돌았습니다.

이 '담담함'을 마주한 순간은 잠시 당황스러웠지만, 곧 성취의 충만함은 외부의 인정이나 화려한 결과에서 오는 게 아니라는 걸 알게 되었습니다. 애써온 시간을 저 자신이 이미 알고 있었기 때문에, 그 노력이 결과로 이어진 과정을 스스로 인정할 수밖에 없었던 것입니다. 그것은 외부의 승인보다 더 깊은 차원의 내적 만족이었습니다.

우리는 목표 자체에 집중하느라 정작 그 과정에서 일어나는 소중한 변화를 놓치고는 합니다. 하지만 진정한 일의 '가치'는 결과가 아니라 그 결과에 이르기까지의 '여정'에 있습니다.

달리기에서도 마찬가지였습니다. 완주의 순간보다 의미 있었던 것은 매일 운동화 끈을 묶고 나서던 수많은 아침이었습니다. 한계를 조금씩 넘어서며 더 나은 내가 되어

가는 그 과정 자체가 이미 보상이었던 것이죠.
이런 관점에서 보면 성취란 한 지점에 도달하는 동시에 다음 출발점을 확인하는 '순간'인 것 같습니다. 그래서 종합베스트셀러를 확인한 순간에도 들뜸보다는 다음 책에 대한 구상을 자연스럽게 했던 것이고요.

앞으로도 여러 목표를 향해 나아가겠지만, 저는 순간의 환희보다는 과정의 충실함에 더 집중하려 합니다. 성취의 순간에 찾아오는 깊고 긴 고요를 자연스럽게 받아들이면서, 다음 여정을 준비하는 마음을 잃지 않으려 노력하겠습니다."

10 동료에 대하여

어떤 사람들은 삶 속에 계절처럼 찾아온다. 봄에 피어났다가 겨울이면 떠나가는, 그런 자연스러운 리듬을 가진 사람들. 그런데 또 어떤 사람들은 내 삶의 지형 자체가 되어 버린다. 산이 되고, 강이 되고, 하루도 빠지지 않고 떠오르는 해가 되어 버리는 사람들. 그가 바로 그런 사람이었다.

서른 중반이라는, 인생의 한복판을 지나는 나이에 그는 내게로 왔다. 그 나이에 으레 찾아오는 실존적 질문들 '어떻게 살 것인가, 무엇을 위해 살 것인가'에 답하지 못해 헤매다가, 우연히 내가 쓴 책 한 권에 이끌려 나를 찾아온 것이었다.

그때는 책 한 권이 두 사람의 십 년을 이렇게 바꿔놓으리라고는 예상치 못했다. 그와의 첫 만남은 묘했다. 그는 직원이 되려고 찾아온 게 아니었고, 나 역시 그를 고용할 생각이 없었다. 그는 단지 내 근처에 있으면서, 내가 살아가는 방식을 지켜보고 싶어 했다. 마치 견습생처럼 내가 매일 그리는 삶의 동선을 좇아서 살아보고 싶어 했다. 사무실에서 지내게 해달라는 것은 상식을 벗어난 부탁이었지만 나는 그를 받아들였다.

그 이유를 지금 생각해 보면, 그가 내게 보여준 인상적인 태도 때문이었던 것 같다. 자신의 무력함을 인정하는 것과 도움을 구할 줄 아는 용기가 그것이다. 이것은 정말 쉽지 않다. 사람들은 자기 자신의 있는 그대로를 인정하기를 싫어한다. 하지만 그는 달랐다. 자신의 모자람을 부끄러워하지 않았고, 배우고 싶다는 간절함을 내게 숨기지 않았다.

나는 작은 사무실 한편에 소파침대와 책상을 놓아 주었다. 그리고 우리의 동거는 시작됐다. 그가 무엇을 하든, 어디를 가든 나는 신경 쓰지 않았다. 나는 내 일을 했고, 그는 눈치껏 내 일을 도우며 자신만의 무언가를 찾아갔다.

첫 백 일 동안 나는 그가 무엇을 하고 있는지조차 묻지 않았다. 나중에 보니 그는 글을 쓰고 있었다. 자신이 살아온 시간을 돌아보며, 맥락 없이 흩어진 기억의 조각들을 하얀 종이 위에 기록하고 있었다. 그 기록들이 무엇을 위한 것인지는 묻지 않았지만, 글을 쓴다는 것 자체에 나는 어떤 기대감을 가지게 된 것 같다.

어느 날 나는 그를 불러 물었다. 무엇을 하고 싶으냐고. 그는 작가가 되고 싶다고 했다. 이유를 물으니, 노트북 하나만 있으면 어디서든 일할 수 있고, 자기 인생에서 출발해 세계로 인식을 넓혀 갈 수 있으며, 무엇보다 돈 없이 당장 시도할 수 있는 일이기 때문이라고 했다. 당시 나는 전업 작가도 아니었고, 글을 전문적으로 배운 적도 없었다. 그가 나를 작가라고 부르는 것조차 어색했다. 그래서 구체적으로 어떤 조언을 했는지 기억나지 않는다. 아마 대충 듣는 척하며 넘어갔을 것이다.

하지만 새벽같이 일어나 글을 써온 그의 백 일이, 내 마음에도 작은 파문을 일으켰다는 것은 분명하다. 무언가가 되어 보겠다는 의지, 그것을 행동으로 옮기는 성실함이 나를 움직였다. 그때부터 나는 그에게 일을 주었고, 그렇게 시작된 우리의 동행은 지금까지 이어지고 있다.

십 년. 짧지 않은 시간이었다. 함께 사업을 하며, 때로는 갈등도 있었다. 어느 날 그가 그만두고 싶다고 말한 적이 있었다. 사업을 시작한 지 일 년쯤 지난 시점이었다. 내 대답은 짧았다. "그렇게 해."

그는 당황해했다. 아마 만류를 예상했을 것이다. 혹은 화를 내거나, 실망을 표하거나, 최소한 이유라도 물어볼 것이라고 생각했을 것이다. 하지만 나는 그러지 않았다.

돈도 배경도 없던 이십 대 시절이 내게 가르쳐 준 것이 있다. 마음이 떠난 사람은 일에 정성을 다할 수 없으니, 본인을 위해서라도 빨리 자리를 정리해 주는 것이 배려라는 것이다.

당시 나는 삶을 전투적으로 살았었다. 내 한 몸 살아내는 것 외에는 삶의 여유가 없었다. 그러다 보니 남에 대한 배려나 관용이 부족했던 것 같다. 효율과 성과를 우선으로 여겼고, 감정적 배려보다는 합리적 판단을 선호했다. 고민하는 시늉도 없이 그렇게 하라고 했을 때도, 그것이 내가 그를 진정으로 아끼는 방식이라고 생각했다.

그는 다음 날 마음을 되돌렸다. 이후 우리의 관계는 이전과는 다른 차원으로 발전했다. 어쩌면 그 순간이 진짜 신뢰의 출발점이었는지도 모르겠다. 서로를 놓아줄 수 있다는 확신이 오히려 더 단단하게 묶어 준 것일지도 모른다. 한 해 한 해 달력이 넘어가면서 두 사람은 네 사람이 되었고, 지금은 아홉 사람으로 늘었다. 그는 현재 나와 함께 공동대표로서 사업을 이끌어가고 있다.

지난 십 년, 내가 정신없이 달리는 동안 그는 놀라운 인내심으로 나를 견뎌냈다 그래, '견뎌냈다'는 표현이 맞다. 십 년 동안 세 번 정도 그의 얼굴이 심하게 일그러지는 것을 보았다. 분노와 실망과 지침이 뒤섞인 표정이었다. 그때마다 나는 그가 떠날 수도 있다는 생각을 했지만, 동시에 그가 스스로를 추스르고 돌아올 것이라는 확신도 있었다. 그리고 정말로 그는 매번 그렇게 했다.

이 글을 쓰면서 문득 드는 생각이 있다. '나는 그에게 좋은 사람이었을까?' 항상 그 자리를 지키는 존재들은 그 자체로 놀라운 인내심의 소유자다. 버티는 존재이기보다, 함께 같은 곳을 바라보는 존재이고자 했을 것이다. 그런 그의 꿈과 시선에 나 또한 기꺼이 동참하고 감응하며 살아왔는가. 내가 그를 너무 외롭게 한 것은 아닌가 하는 생각들이 밀려왔다.

소중한 것은 눈에 잘 띄지 않는다. 바람, 물, 태양처럼 처음부터 있었고 언제까지나 그러하리라는 믿음을 가진 존재들은 잘 보이지 않는다. 그래서 그 소중함을 자꾸만 놓치게 되는 것이다.

오십으로 접어드는 지금, 인생에서 무엇보다 큰 행운은 '함께 걸어갈 사람'을 '만나는 것'이 아니라, '함께 걸어가고 있는 사람'을 '알아보는 것'이라는 것을. 그리고 그 사람이 내 곁에 있다는 사실을 당연하게 여기지 않는 지혜로움을 갖는 것이라는 걸 깨닫는다.

누군가를 견딘다는 것은 단순히 참는 것이 아니다. 그 사람을 믿고 기다려 주는 것이다. 완벽하지 않은 그를 완벽하지 않은 채로 받아들이며, 그의 성장과 함께 '우리'가 더 나아지리라는 것을 믿어 주는 것이다. 이것이야말로 인간이기에 가능한 삶의 기적이 아닐까.

십 년, 우리는 이 시간을 함께 지나왔다. 그것은 기적이다. 그것은 그의 덕분이고, 그를 포함한 모두의 덕분이다. 긴 시간을 함께 지나온 그와 내 삶 속에서 묵묵히 자기 자리를 지키고 있는 내 모든 이들에게 이 글을 바친다.

"만남은 우연의 영역에 속합니다. 시간과 장소라는 좌표가 우연히 교차하는 지점에서 이루어지는 것이죠. 하지만 '알아봄'은 전혀 다른 차원의 일입니다. 그것은 의지를 요구하고, 성찰을 전제하며, 무엇보다 상대방을 향한 세심한 관심을 필요로 합니다. 같은 공간에서 같은 시간을 보내면서도 서로의 가치를 알아채지 못하고 지나가는 경우가 얼마나 많은가요?

십 년을 함께한 동료를 생각하면, 그가 처음 찾아왔을 때부터 지금까지 몇 번이고 '알아봄의 순간들'이 있었습니다. 새벽에 글 쓰는 모습을 보며 진정성을 알아본 순간, 어려운 일을 묵묵히 해내는 모습에서 인내심을 발견한 순간처럼, 무수한 '알아봄'의 시간을 거치며 오늘의 깊은 관계로 이어질 수 있었습니다.

우리는 흔히 '인연'이라는 말로 만남을 설명하려 하지만, 저는 인연보다 중요한 것이 '인식'이라고 생각합니다. 아무리 깊은 인연이 있어도 서로를 알아보지 못하면 의미가 없고, 우연한 만남일지라도 서로를 제대로 알아보면 그것이 소중한 관계로 이어질 수 있으니까요.

그러려면 '당연하게 여기지 않는 지혜로움'이 필요합니다. 익숙한 대상은 깊이 인식할 수 없기 때문입니다. 상대의 존재를 깊이 인식하는 것, 그것이 저는 '감사'의 본질이라고 생각합니다. 감사는 특별한 순간에만 느끼는 것이 아니라, 일상의 평범함 속에서도 존재의 소중함을 알아보는 능력입니다.

이는 우리의 지각 방식과도 관련이 있습니다. 인간의 뇌는 반복되는 자극에 대해서는 둔감해지도록 설계되어 있습니다. 그래서 늘 곁에 있는 사람들의 존재가 희미해지는 것이죠. 하지만 의식적으로 그들을 '깊이' 보려 노력할 때, 우리는 새로운 면을 발견하게 됩니다.

저는 동료와의 십 년을 돌아보면서 이런 깨달음을 얻었습니다. 그가 변한 것이 아니라 제가 그를 보는 눈이 달라진 것이라고 말입니다. 처음에는 그의 열정만 보였다면, 이제는 그의 인내심을, 그의 배려심을, 그의 성장하는 모습을 볼 수 있게 되었습니다.

이것이 바로 '알아봄'의 기적입니다. 같은 사람을 보면서도 매번 새로운 발견을 하게 되는 것, 그리고 그 발견들이 누적되어 더 깊은 이해와 애정으로 발전해 가는 것 말입니다.

모든 인간관계는 '우연한 만남'에서 시작되지만 '알아봄'으로 완성되어 갑니다."

11 아버지 공부

1947년생, 경상북도 경주시 태생. 내가 아버지에 대해 아는 것은, 이게 거의 전부였다. 아버지에게도 유년의 시절이 있었을 텐데, 나는 그분의 과거에 대해서 사실 잘 모른다. 정확히는 모르려 했다. 이유는 부재 때문이다. 아버지는 언제나 부재했다. 삶에서 절실한 순간마다, 내가 그분을 가장 필요로 할 때마다 아버지는 자리를 비웠었다.

초등학교 4학년 여름, 태풍으로 마을에 홍수가 났다. 엄마의 가게 안으로 물이 빠르게 차오르기 시작하자, 우리는 허둥지둥 옷가지들을 다락방으로 옮겨야 했다. 그날 밤 전기가 끊겼다. 엄마와 자식 넷이 촛불 하나에 의지해 다락에서 밤을 지새웠다. 그날도 아버지는 없었다. 이상하게 그 기억은 유난히 생생하다. 물이 차오르고 세상이 온통 소란한 가운데 아버지의 부재는 밤새 귓가에서 웅웅거리듯 또렷했다.

솔직히 나는 아버지보다 '아버지의 부재'를 더 사랑했는지도 모른다. 부재는 안전했다. 상처받을 일이 없었으니까…. 살면서 마음의 거리를 두다 보니 아버지를 '존재'가 아닌 '역할'로만 보게 되었다. 그분도 한때는 스무 살이었다는 것을, 사랑에 설레고 꿈에 부풀었던 시간이 있었다는 것을 굳이 생각지 않고 살았었다. 간혹 '아버지는 왜 그때 없었을까?'라는 생각이 들 때마다 마음이 쓸쓸해졌다. '왜'라는 근원을 따지는 질문들이 그랬다. 차라리 모르는 게 편했던 것이다.

이것이 지금까지 아버지에 관해 쓸 수 없었던 이유다. 하지만 이제 나도 쉰을 바라보게 되니 아버지 마음이 조금씩은 이해가 된다. 세월은 흘렀다. 그새 무너진 가정은 회복되었고, 자식들은 저마다 가정을 이뤄 살아가고 있다. 하지만 아버지는 지금도 지난 이야기를 꺼내지 않는다. 마치 막아 버린 우물처럼….

잠시 과거로 돌아가자면… 스무 살, 연락이 끊겼던 아버지를 다시 만난 곳은 종로의 피카디리 극장 앞이었다. 헤어진 지 2년 만이었다. 군복을 입은 내 앞으로 앙상하게 마른 아버지가 다가왔다. 어색한 웃음이었다.

"뭐 먹을래?"

안부가 아니라 메뉴부터 물어보는 아버지에게 피식 웃음이 났다. 하긴, 뭘 먹느냐는 중요하지 않았다. 우리 사이에 놓인 이 거대한 시간의 공백을 어떻게 메워야 할지 당황스러운 상황에서, 밥을 먹는다는 지극히 평범한 행위는 관계회복의 적절한 시작점일지도 몰랐다.

아버지가 데려간 곳은 골목길 끝의 작은 분식집이었다. 휴가 나온 아들에게 사준 것은 달걀 푼 라면 한 그릇. 초록색 그릇에서 김이 모락모락 피어올랐다. 당시로써는 그것이 최선이었다는 뜻이다.

형광등 아래 아버지의 이마 주름은 더욱 선명했다. 주름 하나하나가 그간의 고단했던 세월을 증언하는 듯했다. 인연 하나 없는 서울로 온 아버지가 그동안 어떻게 지냈을까. 훗날 서울살이를 해보면서 알게 되었다. 이 도시는 부족하고, 불리하고, 불안한 이들이 모여 만든 불안정한 도시였다. 직선으로 뻗은 반듯한 세계에는 그들이 들어갈 자리가 없었다. 강 하나를 경계로 구불구불하고 갈라진 또 다른 세계가 펼쳐져 있었다. 그곳은 거미줄처럼 얽힌 가난한 욕망이 충돌하는 세계였다. 살면서 눈물이 나던 날, 문득 아버지를 떠올린 일이 있었다. 아버지는 달랑 몸 하나에 의지해 이 차가운 도시에서 수년을 버텨냈을 터였다. 그 긴 시간 동안 얼마나 외로웠을까. 살아 보니 아버지가 덮어둔 침묵이 어째서 그토록 무거웠는지 이해되기 시작했다.

당시 뉴스에는 몇 킬로미터씩 걸어 무료급식소를 찾는 노인들이 자주 비쳤다. 혹시 그 긴 줄 사이에 아버지도 있었던 건 아닐까. 순간 젓가락을 든 팔에 힘이 빠졌다. 완고했던 아버지의 자존심과 현실 사이에 놓인 거리를 잠시 생각했다.

식당에서 나오기까지 30분도 채 걸리지 않았다. 정말 라면을 먹기 위해 만난 사람처럼, 그 이상의 대화도 없었다. 어디서 사는지, 무슨 일을 하는지도 묻지 않았다. 아버지도 말하려 하지 않았다. 기세만은 여전했는데, 그런 모습이 차라리 나를 안도하게 했다.

골목길로 사라지는 아버지의 뒷모습을 보며 생각했다. '언제 다시 만날까', '아니, 만날 수는 있을까' 복잡한 감정이 밀려왔다. 마치 오래된 사진을 들여다볼 때의 아득한 그런 기분이었다. 우리는 서로에 대해 아무것도 모른 채 각자 삶으로 돌아갔다. 잠시 교차했다가 다시 멀어지는 두 기차처럼….

그로부터 또 얼마나 많은 세월이 흘렀을까. 침묵은 세월을 따라 흘러 깊은 바다가 되었고, 그 사이 나는 아버지가 되었다. 아버지로 살아가면서, 나 역시 마음을 단단히 접어두는 법을 익혔다. 생존을 위해 감정에 거리를 두는 법을 배웠고, 그러면서 자연스럽게 아버지를 향한 원망도 가라앉힐 수 있었다.

아버지와 나는 서른 살 차이다. 내년이면 나는 쉰, 아버지는 여든이 된다. 여전히 우리는 대화가 많지 않다. 하지만 이제는 침묵 속에서도 들리는 말들이 있다. 말하지 않아도 어렴풋이 짐작할 수 있는 침묵의 언어가 내게도 제법 쌓인 덕분이다.

그래서 더는 아버지를 이해할 필요를 느끼지 못한다. 이해한다는 것과 이해할 필요가 없다는 것 사이에는 미묘한 차이가 있다. 이해의 필요가 사라지면, 원망의 필요 또한 사라진다. 그래서 이제는 원망도 없다.

층층이 침묵으로 겹쳐온 나이테와 같은 그분의 삶. 그 긴 시간을 살아낸 아버지가 지금에 와서 달라지기란 쉽지 않다. 그런 변화를 요구해서도 안 된다. 나이테를 확인하자고 나무를 잘라 버릴 수는 없는 것이다. 그러한 시도의 무상함을 깨달았을 때, 비로소 평화가 찾아온다. 이해의 포기가 가져다 주는 해방감이다. 그래서 '나는 이제 편안하다'라고 말할 수 있다.

아버지에게도 어린 시절 밤하늘 별을 세던 순간이 있지 않았을까. 꿈 많던 청년기도, 가슴 뛰는 첫사랑도 있었을 것이다. 오래된 필름이 현상액 속에서 천천히 모습을 드러내듯, 이제라도 이름 뒤에 가려진 아버지를 만나보고 싶다. 내년이면 아버지도 여든이다. 언젠가는 우리의 관계를 내려놓는 날이 오고야 만다는 것을 안다. 죽음이 현관문을 두드리는 순간, 다음은 없다. 지구에서 태어났다는 것, 사람으로 태어났다는 것, 아버지의 아들로 태어났다는 것. 그렇다, 인연은 기적이다. 남은 시간이 소중하다. 내가 아버지를 알아가는 시간으로, 아버지가 나를 알 수 있는 시간으로 이 시간을 귀하게 쓰고 싶다.

지금이 아니면 할 수 없는 공부가 있다. 이제 여든을 바라보는 '내 아버지 공부'다.

글을 쓰면서 아버지라는 두꺼운 책의 첫 페이지를 겨우 넘긴 기분이다. 오랜 세월 뒤로 쌓아둔 침묵의 문장들, 주름진 손등에 새겨진 세월의 흔적들을 훑어보는 일… 그것은 내 아버지라는 책을 페이지마다 정성스레 읽어가는 일이다.

"아버지가 되기 전까지 저에게 침묵은 소통의 부재이거나 무관심의 표현이었습니다. 하지만 아버지가 되고 나서 깨달은 것은 말하지 않는 것도 하나의 선택이라는 것입니다. 아이에게 상처가 될 수 있는 현실들, 부모로서 느끼는 좌절과 무력감을 그대로 털어놓을 수는 없습니다. 그 순간 침묵은 보호가 되고, 배려가 되고, 때로는 희생이 되기도 합니다.

침묵으로 가라앉혀야 하는 말들이 있다는 것을 아는 순간, 저는 제 아버지의 오랜 침묵을 새롭게 이해하게 되었습니다. 이 글에서 나무의 나이테를 비유로 끌어왔을 때, 저는 침묵의 시간성을 이야기하려고 했습니다. 나이테가 한 해 한 해 쌓이듯, 우리의 침묵도 시간을 두고 축적되는 것이니까요.

나이테는 나무의 성장을 보여주는 증거입니다. 마찬가지로 우리 내면에 쌓인 침묵들도 성숙의 증거라고 생각합니다. 젊을 때는 모든 것을 말로 표현하려 했지만, 나이가 들수록, 때로는 말하지 않는 것이 더 깊은 표현이 될 수 있다는 것을 배우게 됩니다.

이런 관점에서 보면 아버지 세대의 침묵을 무뚝뚝함이나 감정 표현 부족으로만 볼 것이 아니라, 그들만의 언어로 이해할 필요가 있습니다. 그들은 말로 표현하는 대신 묵묵히 일하고, 묵묵히 견디고, 묵묵히 책임을 져왔습니다.

나이테는 나무가 혹독한 겨울을 견뎌낸 흔적입니다. 우리 내면의 침묵도 마찬가지입니다. 말할 수 없었던 고통들, 혼자 감당해야 했던 무게들, 가족을 위해 삼켜야 했던 아픔들이 모두 침묵의 나이테가 되어 결과적으로는 삶을 더 단단하게 만들어 줍니다.

아버지의 침묵은 소통의 부재가 아니라 다른 형태의 소통이라는 생각을 해봅니다. 나무를 베어 보면 나이테가 드러나듯, 언젠가는 평생 쌓아온 침묵의 의미가 드러나는 순간이 있을 것입니다. 그때가 되면 아버지의 침묵이 얼마나 아름다운 인생의 무늬를 가졌는지 발견하게 될지도 모릅니다."

12 석이

어깨가 태평양처럼 넓은 친구가 있었다. 포항 죽도 시장 골목 안 '공주식당' 아들인 내 친구 석이. 그와는 고등학교 3학년 때 같은 반이 되면서 둘도 없는 사이가 되었다. 둘 다 공부는 지지리도 하기 싫어했지만, 운동과 음악에는 취미가 맞았다. 우리는 거의 매일 붙어 다녔다. 야간 자습이 끝나면 나는 집으로 가지 않고 시장 골목 구석 석이네 집 다락방으로 올라갔다. 그 좁은 공간에서 카세트테이프가 늘어지도록 돌려 듣다가 잠이 들곤 했다. 아침이면 서로의 몸에서 오래된 다락방 냄새가 났다.

나는 학창 시절 좀 유별난 아이였다. 비를 좋아했고, 비 오는 날 음악 듣는 걸 좋아했고, 비 오는 날 학교 밖에 있는 걸 좋아했다. 비 오는 날 이어폰을 꽂고 있으면 세상은 영화 속 한 장면이 되었다. 빗방울이 춤추는 길가의 작은 웅덩이들, 그 위로 피어오르는 옅은 물안개, 귓가에 흐르는 선율… 그것들이 뒤섞여 흘러들면

내 영혼은 금방이라도 몸살이 날 것만 같았다.

비가 내리면 나는 종종 학교 담벼락을 넘었다. 간 크게도 책상까지 숨기고 수업을 빼먹을 때면, 가슴이 두근거렸다. 반은 들킬까 두려워서였고, 반은 담벼락을 넘는 자유로움에 취해서였다. 들키면 혼날 것이 뻔했지만, 그 작은 반항이 주는 짜릿함은 컸다. 담을 넘은 날이면 학교 뒤편으로 이어진 해변 백사장을 홀로 거닐었다. 모래알 사이로 발가락을 파묻고, 멀리 수평선을 바라보며 알 수 없는 까마득한 미래를 상상해 보고는 했다. 나는 밝은 아이는 아니었다. 성실하지도 강인하지도 않았다. 대체로 삶이 무료했고 종종 무기력했다. 그때 내게 봄볕같이 다가온 존재가 석이고 음악이었다.

한 번씩 쓸쓸한 주머니 속에 용돈이 쥐어질 때면 나는 시내에 있는 작은 레코드 가게에 들렀다.

'해변레코드'

아늑한 내부, 빛나는 앨범 재킷들, 먼지 냄새…. 그곳에 들어서면 마치 다른 세계에 발을 들인 이방인이 된 기분이었다.

새 음반을 들어볼 때면 세상이 일시 정지되는 듯했다. 음악을 듣다 나는 자주 어디론가 떠내려가고는 했다. 정신없이, 정처 없이 무언가에 홀리듯 흘러가 버렸다.

하루는 레코드 가게에서 음악을 듣는데 느닷없이 쏟아지는 초여름 소나기에 발이 묶이고 말았다. 크라운 모양으로 터지는 세찬 빗줄기에 길거리가 순식간에 젖어 들었다. 번쩍하고 내리꽂는 벼락에 밖이 대낮처럼 환했다가 이내 하늘을 찢는 소리가 시차를 두고 몰려왔다. 까만 구름이 시야를 뒤덮고 있었다. 분명 낮인데, 세상은 밤이었다. 그런 광경을 본 건 태어나 처음이었다.

그때 어떤 노래의 전주가 시작되었다. 순간… 나는 녹아 버렸다. 1995년 열아홉에 처음 들은 그 노래는 〈Greatest Love Of All〉이었다.

이날 가게에서 들었던 음반은 'Whitney Houston'이 아니라, '장호철'이라는 한국 가수의 팝 리메이크 앨범이었다. 이 위대한 곡을 처음 알게 해준 가수가 내게는 장호철인 셈이다. 나는 주머니를 털어 테이프 두 개를 샀다. 하나는 석이에게 줄 선물이었다. 이미 머릿속에 학교는 사라지고 없었다. 빗줄기가 여전히 쏟아지고 있었지만, 테이프를 샀으니 어쨌든 제대로 들어봐야겠다 싶었다.

그때 바로 앞 건물 2층에 〈푸른 햇빛〉이라는 간판을 단 작은 카페가 눈에 들어왔다. 비에 젖은 간판이 흐릿하게 반짝이고 있었다. 뛰어 봐야 대여섯 걸음이면 닿을 거리였기에 비를 뚫고 뛰었다.

좁고 가파른 계단을 올라 문을 열고 들어가자 그곳은 정말 '푸른 햇빛' 한 조각 겨우 들어갈 정도의 카페였다. 손님은 없고, 조용한 팝 음악이 바닥 카펫을 타고 느리게 흐르고 있었다. 깜깜한 대낮, 굵은 빗소리, 음악, 그리고 커피 향기. 커피 맛도 제대로 모르던 나이였지만, 그 공간에 들어서는 순간 가슴이 설렜다.

그때 수건을 쓱 내미는 팔 하나에 빼앗겼던 정신이 돌아왔다. 머리에는 빗물이 뚝뚝 떨어지고 있었고, 학교에서 공부해야 할 대낮에 교복 입은 남학생이 카페 문을 열고 들어왔으니 나를 보는 주인의 시선이 예사롭지는 않았을 것이다. 나는 머리를 턴 수건을 목에 감고 테이블이 고작 세 개인 가게에서 그나마 구석진 곳에 있는 의자에 자리를 잡고 앉았다.

"저기, 이것 좀 틀어 주시면 안 될까요?" 하고 테이프를 건네자, 주인은 가소롭다는 웃음을 애써 꾹 참아내는 얼굴로 테이프를 받아 갔다. 나는 그 테이프를 몇 번이고 돌려 들었다. 그러다 결국 "너 학교 안 가니?" 하는 한 소리를 듣고서야 카페를 나왔다. 곡에 취한 나는 반쯤 몽롱한 정신으로 학교로 돌아갔었다.

7교시 수업이 끝나갈 무렵, 책상 밑으로 손을 뻗어 석이에게 테이프를 건넸다. 그날 밤, 석이네 다락방에서 〈Greatest Love Of All〉, 〈Wildflower〉, 〈Soldier of Fortune〉을 밤새 돌려 들었다. 나는 한껏 충만해진 감정으로 그를 대신해서 연애편지를 써주기도 했다. 석이는 타고난 경상도 사나이라서 과묵했고, 대놓고 감정을 표현하는 데도 서툴렀다.

"여자들은 말로 하면 되지 편지 같은 걸 보내놓고, 귀찮게 답장을 기다리냐?"

퉁명스러운 말투였지만, 눈으로 하는 말은 달랐다. 잘 좀 써달라는, 무언의 수줍은 부탁을 읽어내는 것쯤 내게는 어렵지 않았다. 가끔 소소한 뇌물도 건넸다. 점심시간에 매점 김밥 한 줄을 책상 위에 슬쩍 올려놓거나 하는 식이다. 그런 게 아니라도 나는 그로 빙의해 편지를 대신 써줄 용의가 있었다. 편지가 오가는 동안 사랑의 전령사였던 나는 자연히 두 사람만의 비밀스러운 연애사의 시시콜콜한 내용까지 알게 되었다. 지금 생각하면 유치하기 짝이 없는데 그래서 그 나이의 사랑이 더 예쁜 것이다. 유치해야 사랑이었다. 그때는 몰랐던, 지나고서야 보이는 그 시절의 아름다움이란 것은 분명히 있었다.

우리는 음악만큼이나 식성도 좋았다. 11인분 밥솥에 한가득 밥을 해서는 둘이서 먹어 치웠다. 그때는 먹어도 먹어도 속이 허했다. 하루는 석이 엄마가 홍게를 스무 마리나 쪄오셨는데 한 마리씩 빼먹다가 박스를 홀라당 비워 버리고 달아난 적도 있었다. 그날 석이 어머니의 목소리는 지금도 생생하다. "이놈 새끼들 어디로 갔노?" 하시던, 그리운 그 목소리….

선생님에게 혼이 나도, 엄마에게 혼이 나도, 그때 석이랑 있으면 늘 가슴에 보일러가 들어온 기분이었다. 따뜻했다. 내가 겪어야 할 모든 일상을 순하게 만들어 버리는 그런 따스함이 석이에게는 있었다. 내가 좋아하는 음악을 좋아했고, 비를, 회색 구름을, 깊어가는 밤을 함께 좋아해 준 친구였다.

같은 것을 좋아하는 사람을 만나는 순간, 우리는 조금 덜 외로워진다. 그 시절 석이와 나는 그렇게 서로의 허기를 채워 주는 존재였었다.

오랜만에 석이에게 문자가 왔다. "훈아, 노래 듣다가 네 생각 나서 문자 보낸다." 문자를 보는데 절로 미소가 지어졌다. 석이는 나보다 덜 변한 듯싶었다. 노래를 듣다 감상에 젖어서는 보고 싶다는 말을 어색하지 않게 하는 마흔아홉 살 아저씨. 석이는 가끔 만날 때면 "야! 장호철 음반 아무리 찾아봐도 이제 없다!"라거나, "이소라 1집 그거 듣다가 우리 학교 맨날 지각했잖아." 하는 이야기를 지금도 한다.

그때 그 시절, 석이에게도 내게도 음악은 분명 빼놓을 수 없는 행복의 이유였다.

〈Greatest Love Of All〉
오랜만에 다시 들어볼까.

"사람은 변하지만, 그 사람 안에는 변하지 않는 것이 있습니다. 서로가 가진 그리움이라는 이름의 기억입니다.

그리움이란 과거를 그대로 복원하려는 욕망이 아닐 것입니다. 오히려 과거의 어떤 순간이 현재의 나에게 여전히 의미 있는 것으로 남아 있다는 확인이겠지요. 그 시절 우리에게 음악은 단순한 취향을 넘어 '빼놓을 수 없는 행복의 이유'였습니다. 저는 그때의 우리가 지금의 우리에게로 이어진 길을 음악을 통해 확인합니다. 세월이 지나도 석이는 석이라는 사실을요. 그가 여전히 내 인생의 중요한 의미라는 사실을요."

13 하늘을 날았으면

고등학생 시절 학교에 갈 때 가끔 비둘기호 기차를 탔다. 시골집에서 포항역까지 가려면 도중에 세 개의 간이역을 거쳤다. 기차에 오르면 긴 꼬리의 끝에 서서 휘어지며 멀어지는 철로를 멍하니 내려다보는 게 좋았다. 양옆으로 끝없이 펼쳐진 논 사이를 비둘기호가 지날 때면 황금빛 물결이 이는 들녘과 무리를 지어 한쪽 하늘로 날아가는 새들, 그 아래로 허리 굽힌 농부의 부지런한 몸짓이 내게서 가까워졌다가 멀어지기를 반복했다. 봄의 들판에서는 햇빛에 꼬들꼬들 말라가는 맑은 빨래 냄새가 났다. 기차 난간에 기대선 나는 밖으로 코를 내밀고 크게 숨을 빨아들이며 빨래를 닮은 들녘의 봄 내음에 행복했다.

텅 빈 시골 기차에는 사람이 거의 없었다. 간이역이 멈출 때면 가끔 퍼덕거리는 닭을 실은 노인이나 대파 꾸러미를 싸맨 노인들이 '아이고(무겁네)' 하며 올랐다. 그러면 앉아 있던 사람들이 얼른 일어나 '아이고(할머니)' 하며 짐을 받아 올려 주었다. '정(情)'이란 말을 삼 음절로 늘리면 '아이고'가 아닐까. 그 시절 기차 밖으로 보이는 세상만큼이나 기차 안의 풍경도 따뜻했다.

비둘기호가 황금들판을 거의 빠져나갈 때쯤이면 '붕'하고 기차가 하늘로 솟구치는 상상을 했다. 들판 너머에 도시가 있었는데, 그 도시를 건너뛰려면 기차는 하늘을 날아야만 했다. 학교도 없고, 선생님도 쫓아오지 못할 공간으로 날 데려가 주었으면… 하는 마음이 간절했지만, 기차는 바닷가를 낀 작은 도시 한중간으로 쑥 들어가서는 말없이 멈추어 섰고 교복을 입은 나는 서둘러 기차에서 내려 학교까지 늦지 않으려 달렸다. 그러면 잠시 멈추었던 마음의 시계가 다시 바쁘게 돌아가고, 왜 가야 하는지 모르는 학교에 가서 왜 배워야 하는지 모르는 수업을 꾸역꾸역 듣다가 비둘기호를 타고 집으로 돌아왔다.

기차간에 올라 자리를 잡고 오란다 봉지를 뜯으면 그 소리에 손톱에 때 낀 손들이 우르르 달려들었다. 하나씩 집어 든 과자를 오독오독 씹어가며 도착할 때까지 남고생들의 수다는 이어졌다.

'덜컹덜컹', 아! 이 소리는 생각만으로도 좋다. 귓전에 비둘기호 달리는 소리가 들린다. 돌아오는 길에 반쯤 눌린 달이 비둘기호를 반기는 상상을 하는 지금, 나는 행복하다.

학교를 떠나면서 잠시 내렸다 금방 다시 오를 줄 알았던 고향의 안강역. 하지만 이후 스무 해가 넘도록 안강역에 들를 일도, 비둘기호를 탈 일도 없었다. 기억 속 간이역이 텅 빈 사이 세월은 빠르게 흘렀다.

그러다 며칠 전, 우연히 안강역이 폐역됐다는 기사를 보았다. 안강역에서 포항으로 가던 간이역들도 폐역되었다. 내 기억 속 가장 아름다웠던 길 하나가 사라졌다는 사실에 마음이 아렸다. 이제는 비둘기호가 철로 위를 달리는 풍경을 더는 볼 수 없다. 대낮에는 태양이, 밤에는 흐뭇한 달이 마중했던 기차의 추억은 깨진 모래시계처럼 빠져나가고 있었다.

그날 밤, 나는 밤하늘을 올려다보며 황금들판을 가로지르던 비둘기호와 외길로 난 덜컹거리던 녹슨 철로를 생각했다. 달 저편에 잠든 비둘기호를 깨워 한 번만 너를 타보자 말해 봤지만, 폐역에서는 아무런 인기척도 들리지 않았다. 그리우면 언제라도 끄집어내 기억할 것이지만, 그래도 채워지지 않으면….

하늘에 채워지지 않아 반쯤 찌그러진 달이 떠 있다.

그 달을 보며 저 너머 잠든 비둘기호를 생각한다.

"폐역이라는 말을 생각해 봅니다. 역(驛)이란 본래 사람들이 만나고 헤어지는 곳입니다. 떠남과 머무름이 교차하는 곳, 그리움과 기다림이 공존하는 곳입니다. 그런 곳이 문을 닫는다는 것은 누군가의 추억이 깃든 공간이 역사 속으로 사라지는 것입니다.

하지만 이상하게도 사라진 것들이 더 아름다워 보일 때가 있습니다. 있을 때는 당연하게 여겼던 것들이 없어지고 나서야 그 소중함을 깨닫게 됩니다. 비둘기호의 덜컹거리는 소리, 간이역의 한적한 풍경, 기차 창밖으로 보이던 황금빛 들녘… 이 모든 것들이 사라져 버린 지금, 그것들은 더욱 선명하게 기억 속에서 빛나고 있습니다.

상실은 예술의 원동력입니다. 잃어버린 것에 대한 그리움이 시를 낳고, 돌아갈 수 없는 곳에 대한 그리움이 소설을 만들어 냅니다. 안강역이 폐역된 것을 아쉬워하는 마음도 사실은 하나의 예술적 감정입니다. 과거를 미화하고, 기억을 재구성하고, 없는 것을 있는 것보다 더 아름답게 그려내는 인간의 능력 말입니다.

반쯤 찌그러진 달처럼, 우리의 기억도 완전하지 않습니다. 시간이 지나면서 일부는 사라지고 일부는 과장되고, 일부는 전혀 다른 것으로 변형됩니다. 하지만 바로 그 불완전함 때문에 기억은 더욱 소중해집니다. 정확한 기록이 아니라 마음으로 걸러낸 진실이기 때문입니다.

폐역된 안강역은 이제 존재하지 않습니다. 하지만 그곳을 기억하는 사람들의 마음속엔 영원히 살아 있을 것입니다. 아니, 어쩌면 사라졌기 때문에 더욱 영원해진 것인지도 모릅니다. 안강역은 세월과 함께 낡아갔겠지만, 기억 속 안강역은 언제까지나 그 시절 그 모습 그대로 남아 있을 테니까요.

이처럼 예술이란 사라져가는 것들을 붙잡아두고, 잃어버린 것들을 다시 불러내고, 불완전한 현실을 아름다움으로 승화시키는 일이라는 생각을 해봅니다. 우리가 안강역을 그리워하는 마음, 비둘기호를 그리워하는 마음도 그런 예술적 충동의 하나겠지요.

달은 여전히 하늘에 있습니다. 반쯤 찌그러져 있을지라

도, 여전히 빛나고 있습니다. 폐역된 안강역도 마찬가지입니다. 기차가 더는 서지 않을지라도, 누군가의 기억 속에서는 여전히 황금 들판을 달리고 있습니다.

오늘 밤 달을 바라보며 생각합니다. 사라진 것들이 주는 아름다움에 대해, 상실이 낳는 예술에 대해, 그리고 기억이라는 가장 위대한 창조에 대해서 말입니다."

14 엄마 생각

스물한 살이 된 1997년 3월에 나는 입대했다. 아직 봄이 오기엔 일렀던 터라 아침저녁으로 영하의 언 바람은 차고 매서웠다. 97년의 겨울은 내가 겪어본 겨울 중 가장 혹독했다. 연초부터 '국가부도'라는 말이 TV, 신문, 사람들의 입에서 입으로 돌기 시작했다. 대우의 신화가 속절없이 무너졌고 환율은 사상 처음으로 2,000원을 돌파했다. 기업들은 추풍낙엽처럼 쓰러져갔다. 실직자는 거리마다 넘쳐났고 점심 한 끼를 해결하려고 늘어선 긴 행렬은 금세 눈에 익숙해졌다.

우리 집도 무너진 집들 가운데 하나였다. 사업이 부도를 맞은 후 채권자들 추심에 엄마의 하루하루는 지옥이었다. 가게를 넘기자니 먹고살 길이 막막했고, 어떻게든 지키자니 가게 앞에 진을 친 빚쟁이들 통에 장사를 할 수 없을 지경이었다. 매일 아침 가게 앞을 지키는 따가운 눈초리를 뚫고 가게 문을 열었고, 손님을 받으면서도 시도 때도 없이 걸려오는 전화통을 붙들고 연신 죄송하다, 기다려 달라며 허공을 향해 허리를 굽히는 모습은 차마 보기 힘들었다.

밤이면 거실 너머 엄마 방에서 쉰 바람 소리가 들렸다. 어둠이 깊어질수록 지친 바람소리는 낮아졌지만 정적 속에서 오히려 또렷해지는 슬픔은 주파수를 맞추지 못한 라디오처럼 끊겼다 이어졌다하며 내방까지 흘러들었다. 건넌방에서 쉰 울음이 들리는 날이면 내 울음을 감추느라 이불을 뒤집어썼다. 그 밤 울음을 감춰야 하는 인생은 외롭다는 생각을 했다.

입대를 결심한 것도 이 때문이다. 밥숟갈 하나 던다고 사는 게 나아지겠나 싶었지만, 그때는 나라도 자리를 비워 줘야겠단 생각을 했다. 며칠 후 입영 신청을 했을 때 엄마의 표정은 복잡했다. 엄마는 가만히 날 안아 주었다. 안겨 있어서 얼굴을 볼 순 없었지만, 엄마의 품은 따뜻했고 슬펐다. 나는 가슴에서 얼굴을 떼고 아이처럼 웃었다. 그런 나를 보고 엄마도 따라 웃었다.

입대하던 날 새벽, 난 밤새 잠을 이루지 못했다. 엄마도 마찬가지였다. 거실을 사이에 두고 이따금 엄마의 한숨 소리가 들려올 때마다 내 시선은 천장 이곳저곳을 배회했다. 이불을 머리끝까지 덮고 잠을 청해봤지만 허사였다. 결국, 뜬눈으로 밤을 지새웠다. 맞춰둔 알람이 울리기도 전에 시계를 끄고 조용히 일어나 떠날 채비를 했다. 그때까지도 엄마 방에서는 아무런 기척이 없었다. 조용히 떠나려고 했다. 방문을 열고 어둑한 거실을 지나 현관 앞에 서니 그제야 입대한다는 사실이 실감났다. 까슬까슬해진 머리를 거울에 비춰보았다. 낯선 내가 서 있었다. 이 문을 나서면 이제 엄마를 볼 수 없다는 생각을 하자 나뒹구는 낙엽처럼 마음이 어지러웠다. 어스름한 어둠을 향해 낮은 목소리로 인사를 했다.

현관문을 열고 나가려는 순간 방문이 열리며 "그래…잘 다녀와." 하는 나직이 떨리는 목소리가 들렸다. 각오했던 장면이었지만, 금방이라도 눈물이 날 것 같아서 현관문을 박차고 나왔다.

새벽 거리에는 나뿐이었고, 가로등 불빛만이 그림자를 길게 늘어뜨리고 있었다. 코끝이 시큰거렸다. '입대'라는 말이 그제야 현실로 다가왔다.

홀로 어려움을 감당해 온 엄마의 세월 속엔 굳은살이 빼곡했다. 어린 나이였지만 엄마를 쓰다듬을 때마다 그 딱딱하고 거친 표피를 통해 세상살이의 외로움을 짐작했다.

이제 내 나이도 마흔하고 넷이나 되었다. 이십삼 년이라는 세월이 흐르는 동안 엄마는 할머니가 되었고 나는 두 아이의 아빠가 되었다. 시계를 보니 자정을 막 넘어서려 하고 있다. '우리 엄마 잘 자고 있을까' 깊게 패인 주름과 눈가에 거뭇하게 핀 검버섯이 성가시게 내 마음을 파고든다. 이젠 엄마를 생각하면 품안의 작고 약한 아이를 다루듯 하게 된다. 나도 나이를 먹어가고 있다는 것일 테지.

세월이 언제 이렇게 흘러 버렸을까.

"사랑의 시간성에 대해 생각해 봅니다. 사랑한다는 것은 결국 시차를 견디는 일인지도 모르겠습니다. 우리가 누군가를 온전히 이해하게 되는 순간은 언제나 그 이해가 필요했던 때보다 늦습니다. 보호받는 존재에서 보호하는 존재로의 전환, 그 과정에서 우리는 사랑의 본질을 깨닫게 됩니다."

15 편지

입대 후 정신없는 6주를 보냈다. 유격도 처음이고, 행군도 처음이고, 눈 깜짝할 사이에 군장을 싸고 푸는 것도 처음이고, 이불의 각을 잡는 것도 처음이고, 동료와 짝을 지어 화장실을 가는 것도 처음이고, 샤워를 5분 안에 끝내는 것도 처음이고, 동시에 밥을 먹고 동시에 숟가락을 내려놓는 것도 처음이고, 2주간 똥이 마렵지 않은 것도 처음이었다. 마치 살아보지 못한 행성에 떨어져서 외계인으로부터 그곳의 질서를 처음부터 배우는 피지배층이 된 기분이었달까.

뭐든 잡히는 대로 물고 빨아가며 세상을 배우는 아기처럼, 난 우왕좌왕하며 제식훈련을 배웠고, "야!", "멍청이야.", "똑바로 못해."라는 조교의 호통이 날아들 때마다 다리가 후들거렸고, 그러다 5분간 주어지는 꿀 같은 휴식시간에 퍼질러 앉아 급히 담배를 하나 피웠고, 연기가 꽁초 끝을 다 태워갈 즈음 문득 떠올라 버린 엄마 얼굴에 눈가가 번들번들해져서는 손바닥으로 쓱 훔치고는 집합대열로 다시 헤쳐 모이는 오전과 오후 훈련을 반복했다.

명령에 복종하는 삶은 고달팠지만, 마음 쓸 일이 없다는 점에서는 편했다. 97년 입대했을 당시에는 나처럼 밥순갈 하나 덜자고 자원입대한 동기들이 많았다. 가족을 '식구(食口)'라고 한다. 식구란 둘러앉아 같이 밥을 먹는 사이를 일컫는 말이다. 같이 먹는다는 것은 같이 산다는 것이고, 같이 산다는 것은 정서적, 경제적 운명을 함께하는 관계라는 뜻이다. '식구'의 운명을 생각해 '먹는 입' 하나를 덜겠다고 생각한 당시의 나이들이 겨우 스물, 스물하나였다. 글을 쓰며 생각하니 그 나이에 벌써 산다는 일의 고달픔을 알아 버렸구나 싶어 마음이 슬프다.

조교는 훈련병을 잘 울렸다. 툭 하고 찌르면 퍽 하고 터질 자리를 잘 알고 있었다. "훈련 중 보고 싶은 사람 있습니까?"라는 조교의 확성기 목소리에 일제히 "엄마가 보고 싶습니다."라고 외칠 때마다 연병장을 울린 '엄마'라는 말은 선명하게 각 잡힌 대열을 흔들어 놓았다. 아이들은 올라오는 울음을 꾹 누르느라 주먹을 말아 쥐거나, 눈을 질끈 감거나, 고개를 푹 숙이는 통에 오와 열이 흐트러졌지만, 조교는 이때만큼은 호통을 치지 않았다.

새벽 불침번을 서다 보면 어둠 속에서 우는 소리가 들리고는 했다. 발원지는 화장실 변기 구석 칸이었다. 훈련병이 엄마에게서 온 편지를 숨죽여 읽고 있는 게 틀림없었다. 군대에서 엄마 편지는 화생방 최루가스보다 참기 힘들다.

훈련소에서 나라는 존재는 스스로 이해 불가할 만큼 나약했다. 군복 입는 법, 신발 끈 묶는 법, 속옷 접어 수납하는 법, 이불 접어 각 잡는 법, 청소하는 법, 식사하는 법까지, 밖에서는 이런 일들에 '법'이 붙을 이유가 없었으나 이곳에서는 모든 일에 정해진 '법'이 있었다. 나는 이 세계의 법에 대해 전혀 알지 못했다. 입대는 다시 애로 돌아가는 일이었다.

불안한 아이에게 가장 절실한 것은 '엄마'라는 존재다. 그래서 입대를 하면, 지지리 말 안 듣던 아들이라도 2년간은 효자가 된다.

첫 편지를 받았을 때가 생각난다. 봉투에 '훈아'로 시작하는 엄마의 글씨체가 보이자마자 가슴이 뛰어서 읽을 엄두도 못 내고 안주머니에 넣었다. 모두가 잠든 새벽, 조심조심 봉투를 뜯었다.

구겨진 편지지를 펼치자 "훈아, 엄마다."라는 거친 펜글씨가 눈에 들어왔다. 글씨를 손끝으로 문질러 보았다. 펜이 긁고 지나간 흔적에서 엄마가 만져지는 것 같았다.

편지지를 접어 가슴에 포갰다. 엄마의 말이 아까워서 차마 읽지 못했다. 머릿속이 복잡했다. 엄마 얼굴이라든가, 떠나던 날 새벽이라든가, 형제들의 안부라든가, 아버지 소식이라든가.

창문으로 달빛이 새어 들어왔다. 기우는 달을 바라보았다. 그날, 나는 '훈아, 엄마다'라는 그 한 줄을 넘어서지 못하고 결국 잠이 들고 말았다. 단잠도 잠시, 기상 나팔소리에 허겁지겁 눈을 떴다.

'예! 알겠습니다'를 반복해야 하는 상명하복의 일상으로 돌아왔지만, 엄마 편지를 품고 있으면 마치 엄마를 품은 것만 같아서, 훈련을 받아도 넉넉히 견딜 만했고, 맨밥에 깍두기만 나와도 꿀맛이었고, 불침번을 두 번 서야 했던 날조차 불만스럽지 않았다.

읽다 보면 글 여기저기 엄마 얘기가 있다. 그건 내 존재가 휘청거릴 때, 자리를 떠나지 않고 기다려 준 사람이 엄마였기 때문이다. 고맙고, 감사했던 기억이 없으면 그리움이 들 자리도 없다.

중년의 나이가 되었지만, 엄마를 어머니라 부르지 않는 것은 아직도 아이처럼 엄마를 사랑하고 싶기 때문이다.

"군대 다녀온 지 25년도 넘었습니다. 가보고서야 '부재'가 '존재'보다 더 또렷하다는 것을 알았습니다. 함께 있을 때는 그 사람이 거기 있다는 사실조차 제대로 의식하지 못합니다. 그런데 사라지고 나면 그 사람이 없다는 사실만이 온통 남습니다. 현재형으로는 잘 보이지 않다가 과거형이 되어서야 선명해지고, 가까이 있을 때는 흐릿하다가 멀어지고 나서야 또렷해지니까요.

군대는 아들에게 최초의 진짜 이별을 선사하는 곳입니다. '엄마의 품'이라는 우주로부터 완전히 추방당하는 경험, 그 차가운 단절감 속에서 아들은 비로소 자신이 얼마나 사랑받고 있었는지 깨닫게 됩니다. 그 깨달음은 고통스럽지만 성스럽습니다. 왜냐하면, 그제야 아들은 사랑을 '받는' 존재에서 사랑을 '하는' 존재로 변모하기 때문입니다.

부모님의 편지 한 장이 얼마나 큰 우주인지, 엄마 이름이 적힌 택배 상자 하나가 얼마나 간절한 기다림인지, 아들들은 그곳에서 처음 배웁니다. 그리움이란 감정이 사실은 사랑의 다른 이름이었다는 것도요. 상명하복의 엄격한 질서는 아들에게 또 다른 가르침을 줍니다. 세상은 엄격한 질서 속에서 돌아가고 있다는 것을, 그 속에서 개인의 욕망을 접고 공동체를 위해 견뎌내는 성숙함을 배우게 합니다.

아들은 지금 그곳에서 단단히 서는 법을 배우고 있습니다. 그리고 무엇보다, 집이라는 것이 얼마나 소중한 우주인지, 부모라는 존재가 얼마나 큰 은총인지 온몸으로 체득하고 있습니다. 돌아올 아들은 떠날 때의 그 아들이 아닐 것입니다. 더 깊이 사랑할 줄 아는, 더 단단한 사람이 되어 돌아올 것입니다."

16 그림자와 노인

외근을 핑계로 사무실을 나왔다. 이유 없이 전철을 탔다. 한강이 보여 무작정 내렸고, 강변을 따라 걸었다. 물가에 던져놓은 살랑거리는 낚싯대가 눈에 들어왔다. 정지된 풍경 아래 흐느적거리는 낚싯대의 고독감이 유난히 짙어 보였다.

가까이 다가가니 한 노인이 앉아 있다. 뭐 좀 잡혔나 싶어 힐끔 망을 들여다봤는데 텅 비었다.
"잘 안 잡히나 봐요."
"잡히면 귀찮기만 하지. 먹을 것도 아니고." 노인은 표정의 변화 없이 낚싯대만 물끄러미 쳐다보고 있었다.

"매일 오세요?" 노인의 옆에는 낡은 낚시배낭과 보온병 하나가 전부였다.
"할 일이 없으니까. 시간 보내기에 낚시만 한 게 없지." 노인의 목소리는 의외로 또렷했다.

거리를 두고 앉아 슬쩍 그의 얼굴을 살폈다. 완고해 보이는 광대뼈와 홀쭉히 들어간 볼이 꽤 고집스럽고 깐깐해 보였다. 마포대교 너머로 해가 기울어갈수록 각진 얼굴의 윤곽을 긋는 검은 선은 깊고 진해졌다. 삶을 지나온 숱한 이야기들이 겹겹이 쌓인 얼굴이다. 미간에서 콧잔등 아래로 떨어지는 가파르고 깊은 주름 골이 노인의 나이를 짐작하게 했다. 대강 여든은 되어 보였다. 사람의 얼굴이란 참으로 이상하다. 우리는 누군가를 마주할 때 그의 앞모습을 본다고 생각하지만, 실제로는 그의 얼굴에서 그가 걸어온 길의 뒷모습을 짐작한다. 앞을 향해 있지만, 과거를 담고 있는, 이 기묘한 역설 앞에서 나는 가끔 멈춰 서게 된다.

"40년 동안 조선소에서 배를 만들었어." 묻지 않았지만, 말을 걸어온 내가 내심 반가웠던 모양이었다. 자기 얘기를 꺼내는 걸 보면.
"가족은요?"
노인은 잠시 침묵했다. "집사람은 벌써 갔어. 아들 둘은 미국에 있고…."

외롭지 않냐는 물음을 예상이나 했다는 듯, "인생은 말이야, 결국 혼자야." 노인은 담담하게 말을 이어갔다. "젊을 때는 몰랐지. 일이 전부였으니까. 한때는 잘 나갔지. 돈도 꽤 벌었고. 일하다 보니 가족에게 소홀했어. 정년퇴직하고서야 알았지. 딸 방에 가족사진이 있었는데, 거기에 내가 없더군. 몰랐지 그런 것도. 가족사진 속에 내가 없는 것도 모를 정도로 바쁘게 살았었지."

"내가 평생 배를 만들었는데 말이야. 정작 나는 배를 타본 일이 별로 없어. 만들기만 했지. 참 우습지…."

바람이 불지 않는 강변은 정지된 화면처럼 멈춰 있었다. 풍경 속 노인도 마찬가지였다. 노인의 거친 얼굴은 노동자의 고된 일생을 함축해 놓은 시 같았다. 풀어내려면 끝도 없을 것 같은 긴 시간을 꾹꾹 눌러 담은 얼굴이랄까.

"후회하세요?"
"후회?" 노인은 잠시 생각에 잠겼다. "내가 좀 더 가정적인 사람이었더라면 달라졌을까? 그건 알 수 없는 일이야. 균형을 잃고 산 건 확실하지. 젊은이는 어때?" 그의 질문에 순간 말문이 막혀 멈짓했다.

"인생은 선택이야. 붙들려면 다른 한쪽은 놓아 주어야 하지. 어느 쪽이든 후회가 있고, 어느 쪽이든 기쁨도 있어. 그러면서 동시에 옆도 좀 봐주면서 살아야 해. 치우치면 외로워져."

강을 마주하고 앉은 노인의 그림자가 물가에 길게 드리워져 흔들린다. 정지된 세계 안에서 오직 그림자만이 잔물결을 타 넘으며 노인에게 붙들려 있었다. 문득 노인의 시선이 붙들린 곳은 낚싯대가 아니라 자신의 그림자가 아닐까 하고 생각했다. 그에게는 그의 세계가 없는 것처럼 보였다. 텅 빈 노인의 시선은 허망해 보였다.

그때 노인이 낚싯대를 정리하기 시작했다.
"잡은 게 없네요."
"낚시하러 온 게 아니야." 노인이 천천히 도구들을 챙기며 말했다. "이 나이 먹어 봐. '오늘 뭐 하지?' 하는 질문이 제일 괴로워. 갈 때가 마땅찮아서 온 거지. 여기까지 와서 욕심부릴 일이 뭐 있나. 그냥 왔다 가는 거야."

잠깐 강물을 바라보던 그가 덧붙였다. "그래야 내일도 올 이유가 있는 거고."

몸을 일으킨 노인은 길을 따라 천천히 걸어가더니 곧 시야에서 사라졌다.

노인의 얼굴을 보니 시간은 흘러 사라지는 게 아니었다. 겹겹이 쌓여 온몸에 고랑을 파듯 그의 몸은 늘어지고 겹친 세월의 낡은 흔적을 고스란히 입고 있었다. 젊은이는 무리에 강하고, 노인은 고독에 강하다던데…. 중년이란 딱지를 단 나는 무리에서도, 그렇다고 고독에서도 강하지 못한 것 같았다.

노인의 퀭한 윤곽은 등을 지고 한참을 걸어온 뒤에도 사라지지 않고 맴돌았다. 불편한 얼굴이다. 자꾸 마음을 불편하게 만드는 성가신 얼굴이다. 하지만 그 불편함 속에 내가 찾아야 할 무언가가 있음을, 나는 희미하게나마 느낄 수 있었다.

"노인의 얼굴을 바라보면서 제가 알게 된 것은 시간이 축적되는 방식입니다. 우리는 보통 시간을 흘러가는 것, 사라지는 것으로 생각합니다. 하지만 얼굴에서는 시간이 사라지지 않습니다. 대신 겹겹이 쌓여서 주름이 되고, 깊은 골이 되고, 흔적이 되어 남습니다.

앞을 향해 있지만, 과거를 담고 있는 얼굴에서 저는 인간 존재의 근본적 모순을 생각했습니다. 우리는 끊임없이 미래를 향해 나아가고 있지만, 정작 우리를 규정하는 것은 과거의 경험들입니다. 얼굴은 바로 그 모순을 가장 생생하게 보여주는 거울인 셈입니다.

노인의 미간에서 콧잔등으로 이어지는 깊은 주름을 보면서 저는 그곳에 새겨진 이야기들을 상상했습니다. 40년간 조선소에서 배를 만들며 흘린 땀방울들, 가족사진에 자신이 없다는 걸 깨달았을 때의 충격, 아내를 떠나보낸 슬픔까지. 모든 것이 그 얼굴에 기록되어 있었습니다.
말하지 않아도 말하고, 숨기려 해도 드러내고, 잊으려 해도 기억하게 만드는 것이 얼굴입니다.

얼굴은 그 사람만의 고유한 역사서입니다. 다른 누구도 쓸 수 없는, 오직 그 사람만이 써내려간 삶의 기록이죠. 그래서 누군가의 얼굴을 마주한다는 것은 단순히 외모를 보는 것이 아니라, 그 사람의 삶 전체와 마주하는 일인지도 모르겠습니다."

17 겨울은 느리게 간다

"차, 한잔할래?"

액정에 찍힌 발신인의 이름을 보고 망설일 때가 있다. 살아보니 '무소식이 희소식'이라 할 수 있는 관계는 부모 자식밖에 없는 것 같다. 대게 무소식이던 사람의 갑작스러운 연락은 희소식을 기대하는 마음이기는커녕 괜스레 경계하게 되고 불안하기도 했다.

소식 없던 이의 전화에는 용건의 맥락이 없거나, 망설임의 침묵이 있다. 전화를 받으면, 수화기 너머에서 올라오는 외로움이 느껴졌다. 보지 않아도 보였다. 신발 코끝으로 바닥을 툭툭 차는 모습, 외로운 눈빛, 허공에 뿌옇게 일어나는 먼지까지.

침묵 가운데도 들리는 소리가 있다. 이상하게 나이를 먹을수록 나는 그 소리가 더 잘 들렸다. 마치 조심스러운 걸음에도 삐걱대며 아픈 소리를 내는 낡은 마룻바닥처럼. 전화를 받고도 '그래 어디야? 지금 나갈게'라는 말은 어쩐지 목구멍을 넘지 못하고 입안에서 탁탁 걸렸다. 나의 침묵에 당황한 그의 침묵이 이어지면, 그 짧은 시간이 영원처럼 길게 느껴졌다. 그러면 이야기는 산으로 갔고, 출구를 찾지 못한 통화는 '다음에 밥 한번 먹자'라는 누가 봐도 어색한 전개로 서둘러 끝나 버리고는 했다. 그렇게 전화를 끊고 나면, 나가지 못한 내 마음도 불편해서 밤늦도록 잠을 뒤척이고는 했다.

며칠 전 문득 그런 생각이 들었다. 우리는 언제부터 서로의 삶에 이다지도 '불편한 손님'이 되었을까. 언제부터 나의 세계에 노크하는 누군가에게 '공생'이 아닌 '침범'의 불편함을 느끼게 되어 버린 걸까. 일을 마치고 집에 돌아와서는 소파에 몸을 묻고 넷플릭스를 켜는 것이 편안함과 동의어가 된 일상 속에서, 나는 '함께'라는 말을 참 많이도 불편해하고 있었다.

어느덧 나는 '혼자'가 너무나 익숙한 사람이었다. 혼자 먹고, 혼자 쉬고, 혼자 여행하는 것이 일상이 된 내게 '함께'라는 일상은 낯설었다. 마치 날지 못하게 된 닭처럼 '함께'라는 의미가 내 속에서 영영 퇴화해 버린 것 같았다. 방문을 걸어 잠근 채 그 안에서 혼자 자유롭게 지내온 것이 편하기도 했지만, 정작 그 편안함 속에서 무언가 소중한 것을 잃어가고 있는지도 모른다는 생각이 들었다.

고백하자면, 나는 친구를 내 시간에 방해가 되는 '대상'쯤으로 여겼던 것 같다. 존재 자체로 대면하는 '나와 너'의 관계가 아니라 관계를 도구적으로 바라보는 '나와 그것'으로 그와의 관계를 설정했던 것 같다. 마음이 쪼그라들면 관계라는 것이 대개 이런 식으로 귀찮아지고 얄팍해지는 것 같다.

전화를 걸면서 친구는 어떤 마음이었을까? 몇 번의 거절에도 그는 전화를 걸었고, 나는 나가지 않았다. 우리는 서로의 패턴을 너무 잘 알고 있었다. 그래서 상처받지 않을 만큼만 기대하고, 상처주지 않을 정도로 변명을 주고받은 뒤 전화를 끊곤 했다. 눈치 없는 솔직함보다는 예의 바른 거짓말이 순간을 모면하기에는 편했다. '다음에 밥 한번 먹자'라는 말은 거절의 만능 치트키였다.

그렇게 또 몇 달이 흘렀고 오랜만에 그의 문자를 받았다. 이번에도 그가 먼저 "차 한잔할래?"라고 물어왔다. 문자를 본 순간, 이번에는 망설이지 말아야겠다고 생각해서 "언제 볼까?" 하고는 얼른 답장을 보냈다.

사실 혼자가 익숙한 내게도, 사람이 그리워지는 순간이 있다. 밀려난 외로움이 아니라, 스스로 선택한 고독일지라도 그것이 삶의 고립이 되어서는 안 된다는 걸 알고 있었다. 선택한 혼자임과 버려진 혼자임 사이에는 생각보다 얇은 경계선이 있다. 고독은 선택이지만, 고립은 방치인 것처럼.

마치 물이 바위 사이를 비집고 흘러가듯 삶 또한 사람을 거쳐가며 흐른다. 되짚어 보면 오늘에 이른 내 인생 또한 무수한 이의 삶의 온기를 거치면서 도달한 것이니까. 인생은 홀로 시작하지만, 끝까지 홀로 살아낼 수는 없는 것이다.

혼자의 편안함은 처음엔 자유였다. 그런데 어느새 그 편안함이 관계를 막는 벽이 되어 버렸다. 마치 따뜻한 이불이 어느 순간 나를 외부와 분리하는 경계가 되어 버리는 것처럼. 연락 한 통이 머뭇거려지고, '보자'라는 말이 목구멍에서 맴돌다 삼켜지는 날이 늘어갔다.

관계에는 어느 한쪽의 '먼저'가 필요하다. 다정함도 용기 없이는 시작되지 않는다. 내가 먼저 손을 내밀 수 없다면, 적어도 상대가 내미는 손을 잡을 줄은 알아야 한다. 그 작고 불완전한 시도가 나를 다시 사람들 사이에 놓아준다. 그러면서 더불어 사는 삶의 온기가 조금씩 회복된다. 혼자서도 괜찮지만, 함께여야 비로소 온전해지는 것들이 있다.

나이가 들수록 서로의 삶에 조심스레 발을 들여놓는 관심이 필요하다. 타인의 외로움을 외면하는 순간, 나의 외로움도 시작될 수 있으니 말이다.

이번 겨울은 좀 느리게 가는 것 같다. 겨울은 상대성이다. 외로울수록 길고, 춥다. 오늘은 내가 먼저 전화를 걸어볼까 싶다. 혼자일 때보다, 함께일 때 우리의 겨울이 조금은 더 따뜻하고 짧아질 수 있을 테니까.

서로가 외롭지 않도록,
혼자 어디론가 자꾸만 흘러가지 않도록….

"우리는 그 어느 때보다 연결되어 있으면서도, 동시에 그 어느 때보다 외로운 존재가 되었습니다. 저 역시 '혼자'가 편안해진 사람 중 하나였고, 그 편안함이 어느 순간 관계를 막는 벽이 되어 버렸다는 것을 뒤늦게 깨달았습니다.

고독과 고립에는 미묘한 차이가 있습니다. 고독은 선택하는 것이지만, 고립은 방치되는 것입니다. 우리가 추구해야 할 것은 '선택된 혼자임'이지 '버려진 혼자임'이 아니라는 점을 생각해 봐야 합니다."

18   소유냐 존재냐

아이가 태어났을 때다. 몸 밖으로 빠져나온 생명체와 처음 만난 순간 솔직히 난 특별한 감정을 느끼지 못했다. 아기가 태어난 순간 눈물이 났다는 어느 아빠의 얘기가 생각났지만, 그의 감정이 내 감정이 되지 못한 이유를 알지 못해 분만실에서 당황했다. 나는 무심한 표정을 반쯤은 숨겼다. 무심하다고는 말하지만 실상 그것이 진실로 무심함에서 비롯된 것인지는 나는 알 수 없었다. 그 순간 내가 느낀 것은 기쁨이 아니라 이를테면 당혹감과 쓸쓸함 같은 것이었다. 마치 나 혼자만 다른 세계에 서 있는 것 같은… 모든 사람이 당연하게 느껴야 할 감정에서 멀찌감치 소외된 듯한 낯선 감정이 있었다.

아이의 첫인상은 기괴했다. 검붉은 얼굴은 퉁퉁 부어 있었고, 감은 눈이 얼굴 위로 실금처럼 그어져 있었다. 물컹한 피부는 감히 손을 댈 수 없을 정도로 아슬아슬했는데 간호사가 안아보라 건넬

때 내심 겁이 났다. 손바닥 두 개 만한 존재가 다리 사이로 얼굴을 내민 순간 나에게 책임을 묻는 이름 하나가 붙었다. 아이의 첫 울음소리는 나를 향했고, 동시에 눈이 마주친 간호사는 나를 '아버님'이라 불렀다. 어색한 순간이었다.

그때 난 왜 당황했을까. 행복에 겨워 눈물이 났다는 다른 남자들과 난 무엇이 달랐던 걸까. 어째서였을까? 이 물음은 한동안 나 자신을 불편하게 했다.

결혼식장에 들어선 그날조차 나는 결혼이 무엇인지 몰랐고, 큰 고민도 없었다. 지금 와서 생각하면 나는 모르는 것을 모른다는 사실조차 모른 채 다음 역으로 향하는 기차에 올랐던 것 같다. 고백하자면 결혼 후 아이를 '가지는 것'은 당연한 순리라고만 생각했다. 바로 여기서부터 문제가 있었다. 부끄럽지만 나는 아이를 가지는 것, '소유'하는 그 무엇으로 여겼던 것이다. 마치 새 차를 사거나 집을 구입하는 것처럼, 인생의 다음 단계에서 자연스럽게 획득하게 되는 것 중 하나로 여겼던 것 같다.

갓난아이는 서너 시간 단위로 깨고 자기를 반복했고, 그때마다 울고 보채고 똥오줌을 싸댔다. 아내도 엄마가 처음인지라 아이를 다루는 데 서툴렀고 몇 날 며칠 제대로 잠을 자지 못해 볼살이 눈에 띄게 수척하게 패였는데, 신생아를 다루는 것을 겁부터 냈던 나는 별 도움이 되지 못해 기껏해야 아내의 보조를 맞춰 수건을 빨아오거나, 물을 끓이는 게 다였다. 출생 후 수개월이 지나도록 내겐 기쁨이나 설렘이랄 게 없었다. 오히려 온몸이 세상 피로를 다 빨아들인 양 축축한 기분이었고 피곤한 몸을 이끌고 늦은 밤 집안으로 들어설 때면 겁부터 나고는 했다.

아이가 소유라면 이렇게 힘들고 복잡해서는 안 되는 것이었다. 하지만 이 작은 존재는 밤낮을 가리지 않고 나를 부르고, 요구하고, 나의 모든 계획을 무너뜨렸다. 그렇게 시간이 지나면서 나는 아이의 울음이 아이의 언어라는 것을 차츰 알게 되었다. 얼굴을 새빨갛게 붉히며 빽빽거리며 우는 소리는 어딘가 아프거나 나쁜 꿈을 꾼 것이고, 이보다 한 톤 정도 낮지만 여전히 울음에 기세가 있고 길게 울어댈 때는 배가 고픈 것이다. 몸을 이리저리 뒤척이다 끙끙 앓는 울음을 낼 때는 똥을 싼 것이고, 이것을 알아채지 못해 엉덩이가 짓무르면 다시 빽빽거리며 울었다.

울음의 언어들을 알아차리게 되면서 내 손놀림도 빨라졌다. 갓 쪄낸 백설기처럼 무르고 아슬아슬한 몸을 만지는 것에 익숙해지면서 혹여 내가 아이를 다치게 할지도 모른다는 두려움도 차츰 옅어져 갔다. 이 작은 생명체와의 단순 교신이 어느 정도 가능해진 것이다. 그러나 이때도 거룩하거나 행복하거나 벅차거나 신비로운 어떤 감정에 휩싸였다기보다는 언제 벌어질지 모르는 돌발 상황에 전전긍긍했을 뿐이었다. 시시때때로 똥오줌을 싸거나 하품을 하다 어깨 위에 토를 하는 그럴 때 말이다. 아이와의 소통이 가능해졌다고는 하지만, 그것은 여전히 기계적인 반응에 가까웠다. 울음소리를 듣고 필요를 파악해서 해결해 주는, 일종의 문제해결 차원이었다. 나는 여전히 이 아이에게서 부모로서 당연히 느껴야 할 특별한 감정을 찾지 못하고 있었다.

그러다 아이의 그 작은 입술이 '아빠'라고 처음 입을 뗀 순간, 이 아이는 소유가 아니라 존재라는 사실을 벼락에 관통당한 것처럼 아프게 깨달았다. 소유가 권리라면 존재는 책임이다. 소유는 가볍고 존재는 무겁다. 소유는 교환과 폐기가 자유롭지만, 존재는 누구도 침범할 수 없는 운명의 자기결정권을 가진다. 나는 이 아이가 온전한 인격체로 성장할 때까지 보호하고 양육할 존재로서의 책임을 져야 한다는 그 엄중한 사실을 분만실에서가 아니라, 아이가 나를 '아빠'라고 부른 그 순간에서야 비로소 깨달을 수 있었다. 그러한 인식의 대전환은 순식간이었다.

그제야 분만실에서 내가 느꼈던 쓸쓸함의 정체를 이해할 수 있었다. 그것은 아이와 내가 존재 대 존재로서 만나지 못했기 때문이었다.

나이만 먹었었지, 나나 아내는 그때까지 뭣도 모르는 풋내기였다. 결혼이란 의례를 거치며 아이 둘이 한순간 어른으로 점프해 버린 것이다. 가족의 탄생과 동시에 난 책임 있는 어른의 대열 속으로 자동 편입되었다. 아이가 태어난 순간이 아니라, 아이가 나를 '아빠'라고 불러준 순간이 진짜 어른이 된 시점이었다.

시간이 꽤 흐른 뒤 알게 되었다. 아이가 어른을 만든다는 것을. 그리고 그 과정에서 우리는 가족이란 무엇인지 그리고 존재를 향한 책임이란 무엇인지를 배워간다는 것을.

분만실에서 느꼈던 그 쓸쓸함은 아마도 아직 아버지가 되지 못한 채로 아버지라 불려야 했던 과도기의 감정이었을 것이다. 진짜 어른은 아이가 만들어 주는 것이었다.

"그동안 저는 소유와 존재의 차이를 몰랐습니다. 소유의 관점에서 아이는 제 연장이거나 확장된 자아였습니다. 하지만 아이가 '아빠'라고 부르는 순간, 이 아이는 완전히 독립적이고 고유한 세계를 가진 존재라는 걸 알게 되었습니다.

그때 언어의 힘을 깨달았습니다. 단어 하나가 관계의 본질을 바꾸어 놓는다는 것, 그리하여 서로를 전혀 다른 방식으로 보게 만든다는 것 말이지요. '아빠'라는 부름은 단순한 지칭을 넘어서 하나의 약속이자 선언이었습니다. 아이는 저를 아빠로 인정하고, 저는 아이에게 아버지로서의 책임을 진다는 상호 관계가 그 순간 성립된 것입니다.

제가 '벼락에 관통당한 것처럼'이라고 표현한 이유도 여기에 있습니다. 깨달음은 점진적이고 논리적인 과정이 아니더군요. 순간적이고 전면적인 전복이었습니다. 모든 것이 그대로인데 모든 것이 달라지는, 그런 신비로운 체험이었어요.

지금 생각해 보니 우리는 타자의 언어를 통해서만 진정한 자신이 될 수 있는 것 같습니다. '아빠'라는 부름이 저를 비로소 아버지로 만들었듯이, 우리는 누군가가 부르는 그 이름을 통해 우리 자신을 발견하게 되니까요. 존재한다는 것은 혼자서는 불가능한 일이었던 것입니다."

19 운수 좋은 날

새벽 5시, 알람 소리에 눈을 떴다. 추위가 방안을 떠돌았다. 창문 틈새로 스며든 겨울 공기가 이불을 파고들었다. 몸을 웅크린 채 이불을 당겨 목까지 덮었지만, 이미 잠은 멀리 달아난 뒤였다. 일어나야 한다고 생각하면서도 몸은 이불 속에 묶여 있었다. 시계는 5시 7분을 가리켰다. 심호흡을 세 번 하고 이불을 걷어찼다.

6시 차를 타려면 서둘러야 했다. 출장 짐을 꾸리는 동안 머릿속은 다른 시간대를 달리고 있었다. 현장에서 만날 사람들의 얼굴을 떠올렸다가, 빠뜨린 건 없는지, 해야 할 말과 인내해야 할 상황을 머릿속에 그려보았다. 생각은 나뒹구는 낙엽처럼 어수선했다. 깨어 있는 머리와 무거운 몸 사이의 불화, 그 미묘한 불균형 속에서 출장 가방을 쌌다.

열차 안은 따뜻했다. 떨었던 몸이 녹으면서 졸음이 밀려왔다. 어느새 잠이 들었다가 대전역이란 안내방송에 눈을 떴다. 차창 밖으로 역사가 보였고 이른 시간임에도 플랫폼에는 제법 많은 사람이 서 있었다. 잠시 후 내 빈 옆자리에 머리가 하얗게 센 여자가 짐을 올려놓고 앉았다.

기차가 다시 움직이기 시작했다. 창밖으로 흐르는 풍경에 잠시 정신을 빼앗겼을 때쯤, 그녀가 휴대전화를 꺼내 들었다. 푸른빛 화면이 그녀의 얼굴을 희미하게 물들였다. 무언가를 확인하던 그녀의 시선이 불현듯 나에게로 향했다가, 다시 화면으로 돌아갔다. 그러다 또 한 번, 조금 더 길게, 조금 더 조심스럽게 나를 힐끔 보았다. 순간 눈이 마주쳤다. 당황한 그녀는 시선을 다시 화면으로 돌렸다. 그녀의 눈은 망설이고 있었다. 무언가 곤란한 상황인데 묻지 못해 고민하는 표정이었다. 별말이 없어서 나는 창밖으로 고개를 돌렸다. 햇살에 반짝이는 서리가 들판을 하얗게 덮고 있었다.

"저기… 죄송한데요…." 여자가 내 쪽으로 살짝 몸을 기울였다. 목소리가 작았다. "딸아이가 표를 핸드폰으로 보냈다는데 어떻게 여는지 모르겠어요."

여자는 손에 쥔 휴대전화를 내밀었다. 액정 화면 메시지 목록에서 '딸'이라는 이름을 찾아 누르고 파란색 링크를 터치하자 열차 번호와 좌석 번호가 찍힌 승차권이 나타났다.

"아, 여기 있네요."
"고맙습니다."

나는 다시 창밖으로 시선을 돌렸다. 전봇대가 빠르게 지나갔다. 풍경이 흐려졌다. 고맙다는 그녀의 목소리에는 그제야 안도감이 묻어났다. 잠시 후 그녀가 가방을 뒤적거리더니 비스킷 한 봉지를 꺼내 건넸다. 괜찮다고 사양하자 이번엔 바나나를 꺼냈다. 그것도 거절하자 마지막으로 야쿠르트를 내밀었다. 거절도 세 번째면 주는 사람의 마음이 상할 것 같아서 음료를 받았다.

아무것도 아니라면, 아무것도 아닌 일인데 작은 일에도 고마움을 아는 사람에게는 온화한 빛이 난다. 그녀가 건넨 야쿠르트에서 사람의 정을 느꼈다. 내가 음료를 받자 그제야 그녀도 비스킷을 뜯었다. 우리는 서로 말없이 눈을 맞추고 살짝 웃었다. 그녀는 대구역에서 내렸다. 내리면서도 고개를 숙여 인사를 한다. 나도 고개를 숙였다. 생이 끝날 때까지 다시 만날 일도 이유도 없을 사람이지만, 삶이란 서로의 영역을 스치고 가는 짧은 접점에서조차 의미를 찾아내는 일인지도 모른다.

기차는 두 시간을 달려 울산역에 도착했다. 나는 내려서 택시를 잡았다. 기차역이라 택시가 많았지만 돌아오는 길이 문제였다. 목적지가 외져서 택시가 잘 잡히지 않는 곳이었다. 혹시나 해서 기사 아저씨께 물어보았다.

"혹시 기다려주실 수 있으세요? 오래 걸리지 않을 것 같은데요."
"길지 않으면 기다릴게요."

미팅은 예상보다 훨씬 빨리 끝났다. 20분도 채 되지 않아 나왔는데, 기사님은 차를 닦고 계셨다.

"뒷자리는 손님 태우는 자리니까 늘 깨끗이 합니다."

그 말에 가슴 한쪽이 뭉클해진다. 아무도 보지 않는 시간에, 누군가의 자리를 닦는 일. 그리고 그것을 당연하게 여기는 마음. 세상엔 꼭 그런 사람들이 있다. 잠깐 타고 내릴 뒷좌석을 자기 방처럼 관리하는 기사님 같은 사람들. 하루에도 몇 번씩 낯선 무게가 실렸다 사라지는 그 자리를 그는 매번 새롭게 정리한다. 그것이 삶에서 자기 자리를 지키는 그만의 방식일 테다. 내 것이 아닌 것들, 내가 아닌 것들에 대한 존중이 결국에 자신을 향한다는 걸 아는 것이다.

택시 창문 너머로 빠르게 멀어지는 풍경이 맞추지 못하고 흩어지는 퍼즐처럼 사라진다. 우리도 누군가에겐 그런 풍경이 되겠지. 수없이 잊히는 것들 사이로 간혹 기억되는 순간이 있다면, 그것은 어쩌면 서로를 잠시라도 귀하게 여기는 '순간의 마음' 때문일지 모르겠다. 오늘처럼 말이다.

기사님은 운수 좋은 날이라고 했다.

"장거리 손님을 왕복으로 태워서 오늘 벌이는 다 했어요. 역까지 손님을 모셔다드리고 이따 점심 약속이 있는데 거기까지 손님 한 분만 태울 수 있으면 오늘, 완벽합니다!"

완벽함의 기준이 사람마다 다르구나 싶었다. 오늘 하루 기사님에게 필요한 행복의 몫은 장거리 손님 몇 명이면 충분했다. 이 시간, 차 안은 따뜻했다. 햇살은 잘 닦인 유리창을 통과해 손등을 쓰다듬고 있다.

기사님이 말하는 완벽이란 단어에는 고단한 삶의 무게가 느껴지질 않았다. 그것은 깃털처럼 가볍고, 봄바람처럼 경쾌했다. 단지 오늘처럼 대기 시간 없이 손님들이 이어지는 작은 행운의 나열, 그게 다인 듯했다. 소박하고, 단순하고, 명료한 삶의 방식. 어쩌면 그것이야말로 온전히 자기 행복 속에서 살아가는 지혜로움인지 모른다.

기사님이 보조석 앞 수납장을 뒤적이더니 팔을 뻗어 우유 한 팩을 건넸다.

"우유밖에 드릴 게 없네요."

기차에서 받은 야쿠르트가 아직 가방 속에 있는데, 이번에는 우유라니. 웃음이 났다. 그래도 받았다. 좋은 마음은 이어달리기 같은 거니까.

"바쁜 것도 좋지만, 끼니 챙기세요. 가늘고 길게 사는 게 최고예요. 이 좋은 세상 오래오래 살아야죠."

우리는 모두 서로의 삶에 잠시 머물다 떠나는 여행자다. 서로의 창가를 지나가는 풍경처럼, 잠시 시선이 닿았다가 기억 속으로 사라진다. 오래오래 살라던 택시 기사의 말을 생각해 본다. 앞으로 만날 수많은 택시 기사와 기차 옆자리에서 만나게 될 마음 따뜻한 사람, 그리고 아직 만나지 못한 무수한 친절들. 그것만으로도 이 세상에 되도록 오래 머물러야 할 이유는 충분하지 않을까.

바람에 날리는 빵 봉지처럼 가볍게, 그러면서 단순하고 명료하게 그저 살아가는 것. 각박한 시대일수록 우리에게 필요한 것은 첨예한 논리가 아닌, 이런 소소한 만남과 따뜻한 교감이 아닐까 싶다. 그런 순간들이 모여 긴 여정을 이루는 것이 인생이라면, 나는 그 길을 조금 더 걸어보고 싶다.

오늘 나는 햇살 같은 사람들을 만났다. 바람은 아직 차갑지만, 마음에는 벌써 봄이 온 듯하다.
그러고 보면 내게도 참 운수 좋은 날이다.

"인생에는 나를 스쳐가는 수많은 인연이 있습니다. 가깝게 관계를 맺고 서로의 삶을 공유하는 사람은 불과 몇 명뿐, 그 외의 만남은 삶의 동선이 교차하는 잠시 잠깐의 순간으로 그칩니다.

그렇다고 해서 이런 만남이 가치 없을 수는 없습니다. 오히려 깊지 않은 관계이기에 계산 없는 순수한 선의를 베풀 수 있고, 그 작은 친절들이 일상을 살아갈 만하게 만듭니다.

지하철에서 노인에게 자리를 양보하는 청년, 구걸하는 손을 외면하지 않는 마음, 잔돈이 부족한 학생을 태워주는 버스 기사. 그런 모습이야말로 인간의 진면목을 보여주는 것이 아닐까요.
무수한 작은 친절들이 우리를 둘러싸고 있기에, 세상은 여전히 살아갈 만한 곳입니다."

20 　　　　　　　　　'사랑해'의 반대말은?

'사랑해'의 반대말이 무엇인지 생각해 보다가 문득 깨달았다. 그것은 아마도 '다음에 밥 한번 먹자'라는 말이 아닐까 하고 말이다.

이 말을 자세히 들여다보면 묘한 구조가 보인다. '다음에'라는 말이 만들어 내는 끝없는 미루기, 그리고 그 속에서 흐릿해져가는 관계의 의지들. 우리는 알고 있다. 이 '다음'이 결코 오지 않으리라는 것을, 이 약속이 지켜지지 않으리라는 것을 말이다.

하지만 상대방이 불편할 때, 관계를 정리하고 싶지만 직접 말할 수 없을 때, 예의를 지키면서도 선을 그어야 할 때 우리는 쉽게도 이 말을 잘 꺼낸다. '다음에 밥 한번 먹자'는 상대방이 나에게 더 가까이 다가오지 못하도록 적당한 거리를 유지하며 관계를 유예하는 가장 부드러운 방식이다.

그런데 '사랑해'는 전혀 다르다. 이 말은 오직 지금 이 순간에만 존재할 수 있다. '다음에 사랑하자'는 말이 안 되고, '언젠가 사랑할게'는 이상하다. 사랑은 지금 여기에서만 살아 있을 수 있는 감정이기 때문이다.

여기서 우리는 흥미로운 점을 발견하게 된다. '다음에'라는 말 속에는 지금으로부터 도망치려는 마음이 있고, '사랑해'라는 말 속에는 지금에 완전히 빠져들려는 마음이 있다. 하나는 관계를 미루고, 다른 하나는 관계를 생생하게 만든다. 그래서 지금 내가 사랑하는 것들은 모두 '다음'이 없는 것들이다. 지금 여기에 온전히 존재하는 것들, 미뤄질 수 없는 것들, 현재라는 시간 속에서만 빛나는 것들 말이다.

사랑은 우리에게 현재라는 시간을 선물한다. 유예할 수 없는 지금, 미룰 수 없는 이 순간을 온전히 살아갈 용기를 주는 것이다. 그래서 사랑하는 사람에게는 '다음'이라는 말은 성립될 수 없는 것이다.

"'다음에 밥 한번 먹자'라는 말을 하는 순간, 그것은 사실 현재로부터 한 걸음 물러서겠다는 말입니다. 그 말 속에는 지금 여기서 마주하기 어려운 무언가에 대한 회피가 있습니다.

그러나 우리가 진실로 그리워한 순간들을 생각해 보세요. '다음'이 없었습니다. 누군가와 진심으로 사랑했던 시간, 그 자리가 너무도 좋았던 순간들에는 '다음에'라는 말이 끼어들 틈이 없었습니다.

생각해 보면 사랑한다는 것은 상대방에게 '다음'을 약속하는 것이 아니라, '지금'을 선물하는 일인 것 같습니다. 미래에 대한 보장이 아니라 현재에 대한 전적인 투신 말입니다. 그래서인지 '사랑'이라는 단어 앞에서 '다음'이라는 말은 참 어울리지 않습니다."

21   몰랐어요? 내가 이렇게 웃었는데

드라마에서 여자가 남자에게 고심 끝에 고백했는데 남자는 예측 못 했다는 난처한 표정을 짓는다. 여자는 자기에게 처음부터 마음이 없었던 이 남자가 원망스럽기만 했다.

"몰랐어요? 내가 이렇게 웃었는데 몰랐어요?"

여자가 건넨 '날씨 참 좋네요,' '점심 맛있게 드세요,' '오늘도 힘냅시다'라는 말은 사랑한다는 말이었는데, 그냥 알 거라 믿었던 이 말들을 남자는 내내 알아채지 못했다. 어쩔 줄 모르는 남자를 두고 여자는 등을 돌렸고, 남자는 선 채로 빠르게 멀어져가는 그녀를 응시할 뿐이었다. 그녀에게 그 작은 인사들은 마음을 고스란히 담은 고백이었지만, 남자에게는 그저 일상의 스쳐가는 말들일 뿐이었다. 같은 말이 전혀 다른 의미로 받아들여지는 순간, 두 사람 사이의 거리는 돌이킬 수 없을 만큼 벌어져 버렸다.

살다 보면 이처럼 안타까운 미스매치가 종종 일어난다. 그렇다 하더라도 '아무나 사랑하는 것보다, 용감히 고백해 보고 차라리 아무것도 되지 못한 사랑이 낫지 않아요?' 하고 나는 브라운관 속 그녀를 응원했다.

아무것이나 사랑하는 것보다, 아무것도 되지 못한 사랑이 차라리 나은 것처럼, 살아가면서 아무것도 못 될지언정 가지고 싶은 것을 요구하는 무모함이 줏대 없이 흔들리는 것보다야 낫지 않을까 하는 생각을 했었다.

"삶은 뒤를 돌아보며 이해할 수 있지만, 앞을 향해 살아가야 한다."는 키르케고르의 말처럼, 그 여자의 고백은 결과에 상관없이 그 자체로 가치 있는 선택이었다고 믿는다. 비록 그녀의 사랑이 원하던 결실을 맺지 못했을지라도, 그 순간 그녀는 자신의 감정에 정직했고 실존적 도약을 감행한 것이니까.

우리는 종종 거절당할 두려움, 상처받을 가능성 때문에 마음속 진실을 표현하지 못한 채 안전한 모호함 속에 머물러 있곤 한다. 그러나 안전함의 대가로 돌아오는 것은? 표현되지 않은 사랑, 시도되지 않은 꿈, 요구되지 않은 욕망으로 쌓인 후회라는 이름들뿐 아니었던가.

"몰랐어요? 내가 이렇게 웃었는데."

어쩌면 지금도 내 삶의 많은 순간이 이런 식으로 엇갈리며 흘러가고 있는지도 모른다. 우리가 건네는 미소, 말, 행동 속에 담긴 진심이 상대에게 온전히 전달되지 않은 채 말이다. 그러니 당당히 표현하는 것이 좋지 않을까. 거절당하더라도, 이해받지 못하더라도, 나의 진심을 세상에 내보이는 용기, 그것이야말로 진정 내 삶을 아끼고 사랑하는 태도가 아닐까. 결과보다는 과정에, 성공보다는 시도에 의미를 두며 아무것도 되지 못할지언정, 적어도 내가 원하는 것을 향해 두 팔을 뻗어보는 무모하지만 아름다운 사람이 되어 봐야 하지 않을까.

"저는 이 드라마 속 한 장면이 오래도록 마음에 남았습니다. '몰랐어요? 내가 이렇게 웃었는데?'라고 허탈해하는 여성의 모습에서, 우리의 슬픈 초상을 본 듯했습니다. 그녀는 분명히 자기 방식으로 사랑을 표현했습니다. 환한 미소로, 따뜻한 인사로, 작은 관심들로 말이지요. 하지만 안타깝게도 상대방은 그 신호들을 알아채지 못했습니다. 생각해 보면 우리는 저마다의 언어로 사랑을 표현합니다. 어떤 사람은 말로, 어떤 사람은 적극적인 행동으로, 또 어떤 사람은 배려 넘치는 시선으로 말이에요. 문제는 그 언어들이 항상 상대방에게 번역되어 전달되는 것은 아니라는 점입니다.

드라마 속 여성이 대단했던 것은 자신의 감정에 솔직했다는 점입니다. 비록 상대방이 알아채지 못했지만, 그녀는 자기만의 방식으로 용감하게 사랑을 표현했습니다. 그녀의 행동 하나하나가 모두 진심이었으니까요.

그 고백의 결과를 사람이 통제할 수는 없습니다. 상대방이 마음을 알아줄지, 같은 마음일지는 알 수 없는 일입니다. 하지만 적어도 우리 자신의 감정에는 정직할 수 있습니다. 그것만으로도 충분히 가치 있는 일이라고 생각합니다. 거절당하거나 외면당하는 일이 두렵긴 하지만, 자신의 솔직한 마음을 외면하며 사는 것보다는 낫습니다.

사랑은 자신의 진심을 온전히 표현하는 용기 그 자체인 것 같습니다. 삶을 향한 미완의 실패를 부끄러워할 필요는 없습니다.

당신은 매번 실존적 도약을 시도하는 중입니다."

22   새벽

별안간 유리창이 깨지듯 번뜩 잠이 깰 때가 있다. 마흔을 넘기고부터 생긴 버릇이다. 악몽을 꾼 것도 아닌데, 일단 눈을 떠버리면 이때부터 불면의 시간을 보내야 한다. 그 시간이 새벽 2시라면 절망이다. 자리를 털고 하루를 시작하기에는 너무 이르고, 다시 잘 수도 없는 밤과 아직은 먼 새벽의 틈에서 버둥대야 하기 때문이다.

다행히 시간은 12월 11일 새벽 3시 40분, 막 세수라도 하고 나온 것처럼 필요 이상으로 정신이 또렷하다. 나는 고개를 들어 어두운 방을 쓱 둘러보았다. 사물의 윤곽이 희미하게 어른거렸다. 안과 밖의 어둠과 적막은 아직 하나로 연결되어 있었다. 이중창에 부딪힌 가로등 빛은 희미한 나이테를 그리며 유리 안쪽으로 번지고 있다. 나는 차가워진 발가락 끝으로 슬리퍼를 더듬어 신은 뒤 창가로 다가갔다. 뭉친 이슬이 방울방울 유리에 매달려 있다가

제 무게를 못 이기고 주룩주룩 아래로 미끄러진다. 창가로 바짝 얼굴을 붙이고 밖을 내다보았다. 편의점 앞을 지나가는 청소차의 꼬리등은 어두운 길 위를 느리게 이동하고 있었다. 모든 것이 정지된 시간, 길 위를 느릿느릿 굴러가는 청소차 한 대가 새벽의 고독감을 더욱 짙게 만든다.

방문을 열고 거실로 나왔다. '4시 50분' 취사 예약된 밥솥의 빨간 표시등이 눈에 띈다. 하루의 시작은 동틀 녘이 아니라 취사가 시작될 때부터라는 것을 알아달라는 것 같다. 가스레인지를 켰다. 흔들리는 파란 불꽃 위에 주전자를 올렸는데 어찌나 화력이 센지 금세 뚜껑이 달그락거린다. 무겁고 차가운 공기를 데우는 평화로운 소리다. 커피를 머그잔 가득 따르고 두 손으로 감싸듯 쥐고는 라디오 주파수를 맞추고 의자에 앉았다.

기지개를 켜자 윗몸의 중심이 스르르 뒤로 넘어간다. 몸을 눕혀 바라본 거실 천장은 오늘따라 유난히 높아 보였다. 라디오 주파수를 맞추다 보니 봄에 녹아내리는 물처럼 피아노 소리가 거실 안으로 흘러든다. 어떻게든 내 삶에 끼어들려는 휴대전화의 알림음과 사방에서 쏟아져 들어오는 촘촘한 빛이 차단되고, 텅 빈 세계에 홀로 깨어 있다는 기분이 들면 이 어둠, 이 시간, 이 공간이 온전히 내 것 같이 충만하다.

어둑한 천장을 바라보며 가만히 누워 있으면, 낮 동안 어깨를 꽉 붙들고 있던 긴장이 스르르 빠져나간다. '해야 할 일', '하지 말아야 할 일'로 나를 재촉하던 목소리들이 하나둘 잠잠해지고, 그제야 구석에 웅크리고 있던 또 다른 내가 살며시 고개를 들기 시작한다. 이 시간의 생각들은 물처럼 자유롭다. 어제 스친 누군가의 표정으로 시작해서, 십여 년 전 기억 한 조각으로, 다시 내일 해야 할 일로, 그러다 문득 어릴 적 기억 하나로 맥락도 없이 마구잡이로 흘러간다. 이런 생각들이 어느 순간 하나의 이야기로 엮이기 시작할 때, 나는 그것을 놓치고 싶지 않아 서둘러 노트북을 펼친다.

화면에 불이 들어오면 손가락은 키보드 위에서 분주해지기 시작한다. 곧 리드미컬한 타자 소리가 새벽의 적막을 깨우면서 흩어져 있던 생각들이 하나씩 글자로 자리를 잡아간다. 이렇게 이야기를 정리하다 보면 문득 깨닫게 된다. 내가 특별하다고 여겼던 감정들, 나만 겪는다고 생각했던 순간들이 사실은 누구나 한 번쯤 지나쳐갔을 보편적인 경험이었다는 것을. 그럴 때마다 '나와 네가 다르지 않음'을 확인하게 되는데, 그것이 이상하게도 내게는 적잖은 위로가 된다. 그래서 내게 별 볼 일 없는 일상일지라도 누군가에게는 위로가 될 수 있지 않을까 하는 마음에서 글을 적게 되는 것이다.

노트북 화면에 담긴 글자들이 푸른빛을 띠며 내 얼굴을 비춘다. 창밖으로 어둠이 물러나며 서서히 아침이 밝아온다. 곧 아이들이 깨어나고 일상의 소음이 이 고요를 뒤덮을 것이다. 밥솥에서 김이 피어오르기 시작하고, 서서히 세상이 깨어나고 있다. 나는 한 모금 남은 커피를 마시며 글을 읽어보고는 보통의 일상, 보통의 감정, 보통의 생각들을 정리한다. 그런 다음 보통의 얼굴을 단장하고 오늘도 생업의 현장으로 길을 나선다.

"보통의 삶을 살아내는 것은 보통 힘든 일이 아닙니다. 평범함이라는 단어 뒤에는 수많은 사람들의 치열한 삶이 겹겹이 쌓여 있지요. 각자 다른 환경에서, 다른 조건으로 살아가지만, 결국 모두가 '살아내야 한다'는 공통된 과제 앞에 서 있습니다. 그들 각자의 고유한 분투가 모여 '인간이라면 누구나 겪는 일'이라는 보편적 경험의 토대를 만들어 내고, 그것이 우리가 '보통'이라고 부르는 삶의 결을 형성합니다.

그러니 자신의 일상을 하찮게 여길 이유는 없습니다. 개인의 경험일지라도, 그 안에는 인간 보편의 정서가 스며들어 있습니다. 한 사람의 평범한 하루가 다른 누군가에게 깊은 위로가 될 수 있는 것은, 서로 다른 삶의 표면 아래 비슷한 감정의 결들이 흐르고 있기 때문일 겁니다. 작은 일상의 기록이 거대한 공감의 물결을 일으킬 수 있는 것도 같은 이유입니다.

우리가 살아가는 이 보통의 시간들이야말로 소중한 기록의 대상입니다. 일상을 기록한다는 것은 단순한 개인사의 기록을 넘어서는 일입니다. 그것은 '나'라는 특수성

속에서 '우리'라는 보편성을 발견하는 과정이니까요. 한 사람 한 사람의 기록이 모여 시대의 기억이 되고, 그렇게 축적된 이야기들이 다음 세대에게 삶의 지혜로 전해집니다. 기록하는 일, 그것은 곧 함께 살아가는 일이기도 합니다."

23 애썼다는 말

3월 31일. 어젯밤은 시간이 더디게 흘렀다. 깨도 깨도 아침은 오지 않았다. 온몸의 기운이 다 빠져나간 것 같았다. 마치 빨랫줄에 걸려 늘어진 옷감처럼 팔다리가 흐느적거렸다. 술 덜 깬 사람 마냥 고개를 들어 두어 번 머리를 흔들어 보고 다시 잠을 청하려고 했는데, 몸과 반대로 정신은 오히려 또렷했다.

숙취와 닮은 두통이 두개골 안쪽부터 웅웅거리면서 발끝까지 파문을 밀고 간다. '웅'과 '웅' 사이의 파문은 일정한 시차를 유지하며 나를 괴롭혔다. 심장이 피를 내뿜는 박동과 웅의 리듬은 일치했는데, 심장이 '쿵'하고 쥐어짜면 혈압이 올라 '웅'하고 머리끝에서부터 통증이 퍼져나가는 식이다. 새벽에 한 번, 아침에 한 번 약을 먹었으나 좀처럼 통증은 가라앉지 않았다. 오히려 통증은 기도로 옮겨붙어 작은 불씨를 삼킨 것처럼 화끈거리기 시작했고, 뼈와 살을 붙든 관절은 마디마디 욱신거렸다. 두통만 없어도 살 것 같은데….

오전 내내 이불 위에서 허우적대다 결국은 몸을 일으켜 책상 앞에 앉았다. 노트북을 켜고 뭐라도 써봐야겠다 싶었다. 정신을 집중하니 통증이 조금은 옅어지는 기분이 들었다. 남들 일하는 시간에 이렇게 책상 앞에 앉아본 게 얼마 만인가. '확진'과 동시에 일주일 격리를 통보받았다. 누군가가 내 삶을 강제한다는 게 유쾌한 일은 아니지만, 그 덕에 휴가 아닌 휴가를 보내게 됐다.

오후의 햇살이 방안 깊숙이 들어와 하얀 이불보에 닿자 방안이 온통 환해진다. 창틈으로 달큰한 바람이 흘러 고인다. 봄 냄새나는 바람이다. 평화로운 시간이다. 떠오르는 아침 햇살과 긴 그림자를 만드는 오후의 햇살을 한자리에서 감상했던 게 대체 언제였더라…. 기억을 더듬어 보려다 너무 아득해져서 이내 생각을 말았다. 나는 책상에 턱을 괴고 멍하니 앉았다가, 누웠다가, 몸이 좀 낫다 싶으면 배를 깔고 책을 읽으며 일상으로 쏟아져 들어온 이 시간을 무절제하게 쓰는 중이다.

덕분에 며칠간 창밖을 오가는 거리의 삶을 너그러운 눈으로 내다볼 수 있게 됐다. 닫힌 방문은 누구도 열 수 없는, 혼자 있기에는 그야말로 완벽한 조건이었다. 이곳은 당분간 나만의 무인도다.

'확진'이라는 한마디에 문자와 전화에 굳이 답장하지 않아도 될 자유가 생겼다. 격리된 방에는 임시로 쓸 매트리스 한 장, 책상 그리고 피아노 한 대가 전부다. 그런데 하루도 안 돼서 벌써 좀이 쑤신다. 평화로운 이 정적이 낯설다. 매일 새벽 방송을 하던 방인데, 온종일 이곳에 머물면서 바라보는 햇살과 바람과 시간의 질감이 평소와 다르다.

아침에 일어나니 '애쓴다'는 문자가 몇 통 와 있었다. '애쓰다…' 이 말을 곰곰이 뜯어 보니 흥미롭다. '애타다'의 어근이 들어 있지 않은가. 애태우며 쓴다는 것, 그것은 단순한 노력이 아니라 존재를 걸고 하는 일이다. 사람들 눈에 나란 사람은 늘 애쓰고, 과몰입하는 인간형으로 보였을 테지. 몹시 수고롭고, 초조한 마음이란 뜻의 팽팽한 이 말이 나와 닮기는 했다.

말마따나 나는 흐르는 대로 나를 흘려보내는 게 싫은 사람이다. 나에게 '애썼다'라는 말은 '노력'보다는, '몰두'에 더 가깝다. 몰두가 앞서면 노력은 신하처럼 따라붙지만, 몰두 없는 노력은 강제 노역인 거니까. 나는 노역하는 삶은 살고 싶지 않았다.

그래서 정해진 길을 달리기보다, 번번이 낯선 길을 택하고 살아왔나 보다. 무엇이 나올지 알 수 없는 황무지에서 나는 긴장한다.

길 없는 길을 일구며 달리는 일은 수고롭고, 초조하다. 그래서 언제나 내 정신은, 매일 튀어나오는 문제를 해결하는 데 몰두한다. 몰두하면 눈앞의 것만을 남기고 다른 모든 것은 사라진다. 그 고요의 밑바닥에서 들려오는 목소리가 있다.

'어떻게 살 것인가?'

삶은 나에게 길을 묻는다. '어디로 가야 하는지'를 묻는 게 아니다. '어떤 길을 만들어 갈 건지'를 묻는 것이다. 지문처럼 고유한 '내 삶의 무늬'는 무엇이냐 묻는 것이다.

지문은 태아 때 땀샘이 형성되면서 융선이 만들어진다. 엄마의 심리 상태와 영양 상태에 따라 태아의 움직임이 실시간 달라지는데, 그 패턴 없는 움직임에 따라 한 사람의 고유한 지문이 만들어지는 것이다. 사람의 지문이 일치할 수 있는 확률은 870억 분의 1이라고 한다. 인간은 고유한 지문처럼 다르게 태어나 다르게 살 자기 선택권을 가지고 태어나는 것이다.

그렇다. 태어날 때부터 나는 나였다. 다른 이의 행복으로 행복할 수 없고, 다른 이의 일로 내 삶이 충만해질 수 없다. 나는 나로 행복해지고 싶고, 나로 일하고 싶고, 나로 이 세계에 의미 있는 존재가 되고 싶다.

이 짧은 휴가가 끝나면 긴장되는 삶 속으로 다시 뛰어든다. 내 일은 노역이 아니며 앞으로도 나는 삶에 몰두하며 애쓰고 살 것이다. 격리되어 있는 동안 응원의 문자를 보내주신 분들께 감사하는 마음을 전한다. 어둑한 그림자가 창을 타 넘고 있다. 벌써 저녁이 됐다. 이틀 남았다. 이 방에서 나갈 시간도.

"마흔아홉의 저는 여전히 삶에 몰두하는 것들이 있습니다. 몰두란 단순히 어떤 일을 오래도록 지속하는 상태가 아니라고 생각합니다. 그것은 삶을 조용히, 그러면서 뜨겁게 살아내는 방식이 아닐까 합니다. 몰두는 노동의 반대편이 아니라, 오히려 노동이 자기 목적을 잊고 순수해질 때 도달하는 경지라고 생각해 봅니다.

인생을 하루에 비유한다면, 지금 저는 정오의 태양 아래를 막 지나고 있을 것입니다. 모든 것이 가능할 것만 같던 대낮의 강렬한 빛이 서서히 기울고, 이제는 조금 부드러운 방향으로 삶이 흘러가기 시작합니다. 하지만 이 기울어짐이 꼭 쓸쓸하지만은 않습니다. 해 질 무렵, 노을을 머금은 능선은 하루 중 가장 아름다운 빛으로 물듭니다. 그것은 아침의 가능성도, 정오의 절정도 아닌, 오직 저녁만이 지닐 수 있는 깊이와 따뜻함입니다. 나이 듦이란, 어쩌면 그런 것이 아닐까요. 덜어내고, 내려놓으면서도 오히려 더 충만해지는 상태겠지요.

이제 쉰으로 접어드는 저 역시, 지금처럼 몰두하며 살 수 있기를, 애써 노력하기보다, 마음이 이끌리는 쪽으로 기꺼이 기울어지는 삶이기를 바랍니다. 그것은 어떤 성취를 위한 의지가 아니라, 그저 지금, 이 순간에 온전히 머무는 태도일 것입니다.

오늘의 노을은, 오늘만의 것입니다. 타오르는 하늘 아래에서, 저는 제가 살아 있다는 사실에 전율합니다. 몰두는 삶의 기쁨을 가장 아름답게 증명해 주는 방식입니다."

24 　　　　　　　　　　　꽃을 버리려다

나는 꽃이 왜 사람에게 기쁨인지 알지 못했다. 선물로 받은 꽃은 예의상 그릇에 꽂아두었으나, 검게 말라 부서지기 전까지 늘 잊고 지냈다. 꽃은 내게 무시해도 될 만큼 존재감 없는 것이었다. 사물이 되어 버린 생명, 그것이 내게 꽃이었다. 바라보지 않아도, 기억하지 않아도 되는 것. 꽃은 그렇게 내 곁에 있었고, 없었다.

어제 싱크대에 버려진 꽃을 발견했다. 검게 시든 꽃잎들이 여기저기 힘없이 떨어져 있었는데, 그 풍경이 왠지 쓸쓸해 보였다. 그런데 줄기 몇 대는 아직도 꼿꼿이 살아 있었고, 완전히 시들지 않은 그 줄기 끝에는 꽃 몇 송이가 간신히 매달려 있었다.

생각 없이 움켜쥐고 꺾으려는 순간, 손끝에 전해지는 팽팽한 줄기의 저항감에 문득 섬뜩했다. 마치 "아직 살아 있어요, 더 살고 싶어요."라고 말하는 것 같은 긴장감이었달까. 무시하고 그냥 꺾어 버리면 그만일 텐데, 이상하게도 나는 그 버려진 꽃에서 눈을 떼지 못했다.

어쩐 일인지 평생 그저 장식품으로만 여겨왔던 관상용 꽃을 갑자기 '아프게' 바라보고 있는 내 모습이 무척 낯설었다. 그것은 마치 오랫동안 무심코 지나쳤던 거리의 어느 구석을 처음으로 제대로 보게 된 것 같은 느낌이었다.

나는 그 시든 꽃을 조심스럽게 꺼내 미끈거리는 갈색의 줄기를 닦아내고 그 끝을 조금 잘라준 다음 맑은 물을 채운 화병에 다시 꽂아 주었다. 꽃들은 화병 가장자리에 위태롭게 매달려 있었지만, 몇 송이는 분명히 살아 있었다. 지금까지 나는 꽃의 아름다움이 생존을 위한 치열한 자기 진화의 결과라는 식으로 알고는 있었지만, 가슴으로 공감한 적은 없었다.

그동안 내게 꽃은 그저 꽃이었고, 나는 나였을 뿐이었다. 마치 서로 다른 세계에 사는 존재처럼, 교감이라고는 없이 그저 관찰자와 관찰 대상으로만 머물렀던 것이다. 이날, 그 선명했던 경계가 조금 흐릿해진 것 같았다.

어째서 이런 생각이 든 것인지 스스로도 알 수 없었다. 그저 꺾어서 버리려던 꽃이 갑자기 다른 존재로 보였다는 것, 시든 꽃을 마주하면서 내 가슴 어딘가에 미세한 통증이 일고 있다는 것만은 분명했다. 마치 오래 잊고 있던 슬픔이 문득 떠오를 때처럼, 혹은 누군가의 아픔을 처음으로 제대로 목격했을 때 느끼는 그런 종류의 통증이었다.

뿌리가 잘려나간 꽃은 심장을 잃은 것과 다름없다. 씨앗 하나가 흙 속에서 싹을 틔우고, 비와 바람을 견디며 꽃을 피우기까지의 순탄치 않은 여정을 굳이 들추지 않더라도, 나는 뿌리가 잘린 채 덩그러니 화병에 꽂힌 꽃에서 왠지 모를 저릿한 아픔을 느끼고 있었다. 그것은 어쩌면 내 안에 잠자고 있던 생명에 대한 감수성이 모처럼 만에 깨어난 것인지도 모른다. 꽃과 나 사이에 놓인 투명한 막이 순간적으로 사라진 듯했다. 나는 꽃이라는 생명의 존재를 가슴으로 느끼고 있었다.

사육된 꽃이라 해서 꽃은 스스로 생을 포기하지 않는다. 책상 위에 놓인 꽃은 뿌리 없이도 존재를 소진하는 순간까지 물을 빨아들인다. 외로운 방, 아무도 알아주지 않는 시간 속에서도 꽃은 사력을 다해 살다 죽어갈 것이다.

그것이 꽃이다. 그것이 생명이 우리에게 전하는 존재의 아름다움

일 것이다. 나는 꽃을 바라보며 그 사실을 비로소 느끼고 있었다.

일주일간 나는 책상 위에서 말라가는 꽃을 지켜보았다. 더는 장식용 사물이 아닌, 생명 그 자체로 바라보려고 했다. 그 시간은 마치 누군가의 임종을 지키는 것처럼 조용하고 경건했다. 얼마 후 꽃은 완전히 말라 죽었다. 움켜쥐었더니 먼지처럼 바스러졌다. 그 순간 가슴 한편이 아려왔다.

길러진 꽃이라고 해야 할까, 납치당한 꽃이라고 해야 할까. 화분에 갇힌 채 사람의 시선을 위해 존재하는 그 꽃들을 두고 아름답다고 말하는 것이 가혹하게 느껴졌다. 우리가 찬미하는 것은 꽃 자체가 아니라 우리가 꽃에게 가한 변형, 우리가 꽃으로부터 빼앗은 무언가가 아닐까.

그날 이후 길을 걸을 때면 발걸음이 조심스러워졌다. 아스팔트 틈새로 고개를 내민 이름 모를 풀들, 담벼락에 기대어 피어난 작은 꽃들이 새삼스럽게 눈에 들어왔다. 그들은 아무도 보아주지 않아도, 아무도 가꾸어 주지 않아도 제 몫의 계절을 살아내고 있었다.

"우리는 일상에서 얼마나 많은 것들을 '생각 없이' 대할까요. 특히 우리보다 작고 연약해 보이는 존재들에게는 더욱 그렇습니다. 꽃 한 송이, 길가의 풀 한 포기, 심지어 우리 곁의 사람들에게조차 때로는 그런 무심함으로 다가가곤 합니다.

하지만 그 순간, 손끝에 전해지는 저항감은 우리에게 중요한 것을 일깨워 줍니다. 그것은 바로 '여기 누군가 있다'는 신호입니다. 아무리 작은 존재라 해도, 그 존재는 자신만의 의지를 가지고 있습니다. 살고 싶다는 간절함을, 존재하고 싶다는 열망을 품고 있습니다.

저항감이 섬뜩하게 느껴지는 이유는 우리가 미처 인식하지 못했던 타자의 존재를 갑작스럽게 마주하게 되었기 때문입니다. 지금까지 대상으로만 여겨왔던 것이 순간 주체로 다가오는 경험, 그것은 분명 당황스럽고 섬뜩한 일입니다.

손끝은 무척 예민합니다. 마음이 놓치는 것들을 몸이 먼저 감지하곤 합니다. 팽팽한 줄기의 저항감을 통해 우리

는 비로소 그 꽃이 여전히 살아 있음을, 포기하지 않고 있음을 깨닫게 됩니다. 그 순간 우리 안의 무언가도 함께 깨어납니다.

이것이 존재 대 존재로서 만나는 관계의 시작이 아닐까 싶습니다. 상대를 온전히 하나의 존재로 인정하는 것, 그의 의지와 바람을 존중하는 것 말입니다."

25 사춘기

열여섯이 된 첫째는 문을 닫고 혼자 있는 시간이 부쩍 늘었다. 학원에 들렀다가 독서실이 끝날 때까지 공부하다 집에 오면 11시다. 나로서는 이해하기 어려운 귀가 시간이지만, 주변 엄마들은 중3이 그 시간에 잔다는 걸 이해할 수 없다고 했다. 이해라는 건 어쩌면, 자기 그림자가 닿는 반경 안에서만 작동하는 감정인지도 모르겠다. 나는 여전히 아이 곁에 서 있다고 믿었는데, 어느 날 문득 아이의 그림자는 다른 방향으로 길게 뻗어 있었다. 시간은 동시에 흐르지만, 서서히 아이와 부모가 바라보는 삶의 방향은 어긋나기 시작했다. 요즘에는 아이 얼굴을 제대로 보는 일이 마치 저무는 해를 따라잡는 일처럼 아득하다. 서로 함께하는 시간이 줄어들어서 내가 뭘 해줄 수 있는 게 없어서 미안하고 안타깝다.

이제 겨우 열여섯인데 세상은 뭐가 그리도 급한지, 당장 내일이 수능인 것처럼 공부하라 채근한다. 촘촘한 일정표 사이에는 아이가 쉴 틈이 보이지 않는다. '이렇게 바빠서 어떻게 숨은 쉬고 살아?' 하는 생각이 들지만, 요즘 애들이 다들 그렇게 한다고 하니 나로서는 말문이 막힐 뿐이다. 이걸 대견하다 해야 할 일인지…. 열여섯 살의 책상 위에 쌓인 책의 무게는 어른이 지는 삶의 무게와 비교해도 만만치 않아 보인다.

아이도 사람인데, 이대로 공부만 하다가는 죽겠다 싶으면 부모 눈속임도 하고 틈을 봐서 몰래 놀기도 한다. 공부에 지치고, 놀 시간은 없고, 한참 친구가 좋을 나이에 그걸 막으니 대놓고는 못하겠고 그러니 거짓말을 해서라도 놀게 된다. 부모도 그 시절을 이미 지나왔기에, 걱정 가득한 마음을 억누르며 겉으로는 담담한 척하지만 속은 감정의 소용돌이를 함께 겪는다. 사춘기란 아이와 부모가 각자의 경계를 함부로 침범하지 않는 아슬아슬한 균형 잡기의 시간인 것 같다.

아이와 엄마를 옆에서 지켜보면 사춘기는 엄마와 딸의 숨바꼭질 같다. 아이는 자기만의 비밀을 조용히 쌓아가고, 엄마는 그것을 알고 싶어 하는 꼬리에 꼬리를 무는 술래잡기라는 생각이 든다. "독서실 있었어.", "과제가 많아서 친구랑 같이 공부했어." 아닌 걸 알면서도 모른 척해야는 엄마의 인내심이 한계를 넘어서면 폭발하고야 만다. 그때 아빠인 내가 할 수 있는 일은 둘 사이를 조용히 중재하거나 눈치껏 한쪽 편을 드는 게 고작이다. 살아보니 아빠의 역할은 두 사람에게서 번갈아 쏟아져 들어오는 원망의 말들을 그때그때 편들어 주는 것이었다. 둘 사이에서 나는 때로는 중재자가 되기도 했다가, 자칫 분위기 파악을 잘못했을 때는 공공의 적이 되기도 했다.

방문을 걸어 잠그고 밖을 나오지 않는 아이를 나는 이해한다. 나도 그 나이를 거쳐왔으니까, 행동이나 말하는 것만 봐도 거짓말을 하는지, 숨긴 게 있는지 안다. 하지만 내가 사춘기를 겪어서 아는 것과 내 아이가 사춘기인 것은 다른 일이었고, 그것은 나로서는 처음 겪는 일이었다. 낯설고 당황스럽기도 했지만, 한편으로 들쑥날쑥 종잡을 수 없는 아이의 마음이 반갑기도 했다. 친구랑 어설픈 땡땡이를 치고, 화장품에 관심을 보이는 모습에서 걱정보다는 빨리 어른이 되고 싶어 하는 아이의 마음이 읽혀 웃음이 났다.

돌이켜 보면 나는 사춘기를 그냥 지나쳐 버렸다. 사춘기도 결국은 응석을 받아줄 부모가 있어야 비로소 가능한 일이었을 테니까. 중학교 2학년, 그때의 나는 엄마의 고단한 일상을 너무 잘 알고 있었다. 초등학교 입학 때부터 '부모님께 짐이 되지 말자'라고 마음에 새겼던 나는 평소 말이 없었다. 학교에서 따돌림당하고 억울하게 맞는 일이 있어도 내색하는 일이 없었다. 엄마가 주는 대로 먹고, 엄마가 입히는 대로 옷도 입었는데, 문제가 하나 있었다. 엄마가 양품점을 운영하다 보니 초등학교 때부터 여성복을 입고 다녔다는 점이다. 다행히 저학년 때까지는 남녀 성별에 대한 개념이 없어서 문제가 되지 않았지만, 이성에 대한 인식이 생기기 시작하면서 그 옷들이 부끄럽게 느껴지기 시작했다.

그러다 6학년 때, 솜이 들어간 겨울 바지를 입고 학교에 갔는데 반 여학생이 색깔까지 같은 바지를 입고 있었다. 그때의 난감함이란… "이거 여자 옷인데." 한 아이가 내 바지를 가리키며 웃자 반 아이들이 빙 둘러싸며 재미난 거리를 발견했다는 듯 시시덕거렸다. 울어버리고 싶은 순간이었다. 모르는 사이 내게도 그렇게 사춘기가 왔었다. 그날 이후 그 바지를 더는 입지 않았다. 엄마에게는 입기 싫다고만 했고, 이유를 알지 못한 엄마는 장사하는 것만도 죽을 지경인데 까탈스럽게 군다며 핀잔을 줬다.

말을 거스른 적 없는 나라서 엄마도 의아했겠지만, 사는 게 바쁘고 빠듯한 시절이라 엄마도 금세 잊어버렸을 것이다. 그렇게 중학교에 올라 가서도 엄마는 양품점에서 파는 남방과 바지를 내게 입혔다. 나는 웬만하면 어떻게든 입어보려 했지만, 중학생이 되고부터는 도무지 입을 수가 없었다. 여자 남방은 옷을 여미는 단추 방향이 반대라는 걸 이제는 알게 되었고, 남녀공용이니 하며 설득하려 해도, 단추의 방향이 달라질 수는 없었다. 이걸 입고 학교에 가면 아이들은 바로 알아차릴 것이고, 그 예민한 시기에 나는 모두의 웃음거리가 되고 말 것이었다.

말도 못 하고 속으로만 끙끙 앓던 나는 용돈을 모아 시내 남성복 전문점에서 노란색 남방과 면바지 하나를 샀다. 그런데 막상 사고 나니 그 옷을 집에 들고 갈 용기가 나질 않았다. 이해하기 어렵겠지만, 내 뜻대로 옷을 샀다는 것은 당시 엄마에게는 충격적인 일이었다. 왜 그랬는지는 모르겠지만, 중학생이 혼자 옷을 사러 갔다는 것 자체가 엄마에게는 용납할 수 없이 불량한 일로 여겨졌던 모양이다. 엄마의 그런 마음을 너무 잘 알고 있었기에 옷을 집에 가져가지도 못하고 친구 집에 숨겨둘 수밖에 없었.

며칠 후, 가게를 정리하고 들어온 엄마가 나를 불러 앉혔다. 백열전구 아래 엄마의 얼굴에 드리운 그림자가 깊었다. 무언가 할 말이 있는 듯했다. 그 순간 '이미 알고 있구나'라는 생각이 들었다. 거짓말을 할 수도, 모른 척할 수도 없어서 손가락만 꼼지락거리다가 결국, 실토했다. 순간 무거운 침묵이 우리 사이에 가라앉았다.

"이놈아, 감히 중학생이 옷을 사러 다녀!"

그 말을 듣는 순간 나도 모르게 한마디가 튀어나왔다.

"엄마가 알아? 여자 옷을 입고 남자 학교 다녀야 하는 기분을 알아?"
예상치 못한 내 반응에 엄마는 의아한 표정을 지었고, 나는 가까스로 감정을 억누르고 있었다. "애들이 다 알아. 여자 옷 입고 오면 애들이 다 알아. 국민학교 6학년 때 같은 반 여자애랑 똑같은 옷을 입었다가 내가 얼마나 놀림 받은 줄 알아? 내가 여자야? 왜 나한테 여자 옷을 입혀. 왜 창피하게 만들어."

그 순간 엄마의 낯빛이 바뀌었다. 노여움이 놀라움으로, 놀라움이 당혹감으로. 내가 그런 식으로 엄마에게 대든 건 태어나 처음이었다. 엄마는 내가 무슨 일을 저질렀건 간에, 그것보다 엄마가 그어놓은 윤리적인 선을 아들이 넘어섰다는 사실에 더 충격을 받은 듯했다. 하지만 내게도 그날이 처음이자 마지막 반항이었다. 실망하는 엄마의 눈빛을 본 후로, 나도 내 안의 사춘기를 꼭꼭 접었다.

그렇게 며칠이 지났다. 평소처럼 지냈지만, 서로의 눈길을 피하며 지난 일에 대해서는 입을 꾹 다물고 지냈다. 그러다 어느 날, 엄마가 조심스럽게 방문을 두드렸다.

"엄마랑 어디 좀 가자."

무슨 일인가 싶었다. 엄마는 벌써 나갈 채비를 하고 나를 기다리고 있었다. 우리는 낯선 침묵을 한 채 걸어서 동네를 벗어났다. 엄마의 걸음이 어디로 향하는지 알 수 없었지만, 묻지 않았다. 시내 남자 옷가게 앞에 섰을 때, 엄마는 조용히 가게 문을 열고 들어갔다.

"애 옷 좀 보러 왔어요."

엄마는 점원이 추천한 셔츠와 바지를 들고는 번갈아 내 몸에 대보았다. 처음이었다. 남자 옷가게에 간 것도, 어떠냐고 취향을 물어본 것도. 쇼핑백을 한 손에 든 채 집으로 돌아오는 길, 엄마는 내 어깨에 살짝 머리를 기대며 속삭였다. "앞으론 엄마한테 얘기해. 네가 직접 가서 골라도 돼." 엄마는 말끝을 흐렸다. 작은 목소리가 더 작아졌다. "미안해…."

'미안해'라는 그 한마디에 심장이 '쿵'하고 떨어지는 것 같았다. 그것은 각박한 엄마의 삶에 대한 고백이자 미안함이었고 내 존재에 대한 분명한 인식이 있음을 고백하는 말이었다. 그 순간, 내 안의 사춘기가 조용히 물러나는 것을 느꼈다. 이제 응석은 여기서 끝내도 될 것 같았다. 짧았지만 충분했다. 엄마와 나 사이를 불편하게 만들었던 그 작은 벽조차 허물어지는 순간이었다.

엄마는 사십 년 넘게 지금도 그 자리에서 양품점을 한다. 가게 이름은 '대흥양행'인데, '대'자와 '흥'자는 낡아서 희미해졌고, '양행' 두 글자는 떨어져 나가 반쪽짜리가 되었다. 간판처럼 삶이 크게 번창한 건 아니지만, 이 작은 가게에서 자식 네 명을 모두 키워냈으니, 이 정도면 떳떳이 가슴 펴도 될 점수라 생각한다. 엄마의 세계는 열 평 남짓하지만, 그 열 평이 자식들에게는 무엇으로도 채울 수 없는 우주였다.

빛바랜 글자와 떨어져 나간 자음 사이로 세월이 흘러간다. 여든을 바라보는 엄마의 주름진 손등과 낡은 간판은 많이 닮았다. 한평생 같은 계절을 견디며, 간판과 엄마는 조용히 깎여나갔다. 지금도 엄마는 그곳에 있다. 흐릿해진 간판 아래, 세월의 때가 묻은 진열장 앞에. 손님이 뜸해도, 물건이 팔리지 않아도, 엄마는 매일 아침 셔터를 올린다. 그것이 엄마의 하루고, 엄마의 삶이니까.

엄마는 늘 삶의 최전선에서 우리들의 바람막이가 되어 주었다. 그런 엄마를 보며 자란 나는 어린 시절부터 엄마를 보살피고 싶었다. 그래서 하루라도 빨리 어른이 되고 싶었는지도 모른다. 내 사춘기가 유난히 짧았던 것도 그 때문이 아니었을까.

굳게 닫힌 딸의 방을 본다. 저 방 안에서 아이는 자기 욕망에 충실한 중이다. 갇혀 있는 게 아니라, 자라는 중이라는 걸 안다. 뾰족한 복어처럼 쏘아붙여도 지나고 보면 그것이 애 키우는 부모의 행복일 것이다. 슬프고 때때로 노엽고 눈물 나는 그 시간을 뭉치면 반짝이는 별이 될 것이다. 빛나는 모든 것들은 아픔을 딛고서야 별이 되는 법이니까.

아이야, 아빠는 너의 뾰족한 시간을 아낀다.
두 번 없을 너의 사춘기를 아끼고 사랑한다.

"어쩌면 인생에서 가장 정직한 시간은 사춘기가 아닐까요? 어른이 되고 나면 우리는 여러 개의 얼굴을 갖게 됩니다. 상황에 맞는 말을, 관계에 맞는 표정을, 때로는 자신조차 속이는 연기를 하면서 살아가게 되지요. 그런데 사춘기의 아이들은 다릅니다. 좋으면 좋다 하고, 싫으면 싫다 하고, 화나면 화를 냅니다. 그 투명한 감정 앞에서 어른들은 당황하지만, 그것이야말로 자기다운 모습이 아닐까 싶습니다.

생각해 보면 우리는 모두 누군가의 자식이었고, 이제는 누군가의 부모가 되어 살아갑니다. 그 과정에서 끊임없이 배우게 되는 것 같습니다. 자식으로서 부모를 이해하는 법을, 부모로서 자식을 기다리는 법을. 그리고 그 모든 것이 한번에 완성되지 않는다는 것을, 계속해서 서툴게 시행착오를 겪으며 조금씩 나아간다는 것을 말입니다.

글을 쓰면서 펜대를 꽉 쥐게 만들었던 단어는 어머니가 하신 '미안해'라는 말이었습니다. 부모가 자식에게 사과한다는 것은 결코 쉬운 일이 아니지요. 하지만 그 한마디가 얼마나 큰마음이었는지, 당시 저는 온몸으로 받아들였습니다. 어머니의 사과를 받아든 그 순간, 제 안의 사춘기는 조용히 끝났습니다. 더는 응석 부릴 필요가 없다는 것을, 이제 어른이 되어야 한다는 것을 알게 됐죠.

관계라는 것이 결국 서로를 하나의 온전한 존재로 인정하는 일에서 시작되는 것은 아닐까 싶습니다. 아이를 '내 아이'가 아닌 '그 자신'으로 바라보는 시선 말입니다. 그런 인정이 있을 때 비로소 아이도 자신의 고유한 모습을 드러낼 용기를 갖게 되는 것 같습니다.

아이들이 방문을 닫고 자신만의 공간으로 들어가는 모습을 보며 생각해 봅니다. 저것은 단절이 아니라, 자기만의 내밀한 세계를 구축해가는 과정이라는 것을요. 관계에서 가장 어려운 일 중 하나가 적절한 거리를 유지하며 기다리는 일인데, 그런 기다림이야말로 진정한 사랑의 표현이 아닐까 합니다. 아이가 스스로 문을 열고 나올 때까지 조급해하지 않는 것, 그것이 부모가 줄 수 있는 가장 큰 선물일 겁니다."

26 언제든 좋으니 연어가 되어 돌아와

"모성애가 이기적인 감정인가요?" 테이블에 앉은 여성이 티백을 저으며 불쑥 물었다. 그녀에 대해 잘 몰랐기에 그렇게 물어오는 질문의 맥락이 궁금했다. "모성이 이기적일 리가요, 하지만 그렇게 느낀 이유가 있겠지요?" 그러자 그녀는 깊이 숨을 내쉬고는 천천히 이야기를 풀어놓기 시작했다.

요즘 경기는 나쁘고 물가는 높다 보니 맞벌이하는 부부가 많잖아요. 남편이 서둘러 먼저 출근하면, 아이 입에 시리얼을 떠넣으면서 한 손으론 고무줄을 비집고 순식간에 머리를 묶어요. 어린이집 가방에, 낮잠 이불에, 기저귀까지 빠짐없이 챙겨 겨우 출근하려고 하는데, 아이가 꼭 바쁠 때 울어요. 달래보는데 '싫어!' 하며 주저앉아 버리는 날에는 정말 머리가 돌아 버릴 것 같아요. 달래다 안되면 결국은 들쳐 안고 뛰다시피 어린이집으로 달려요. 문 앞에서 호흡을 돌리면서 겨우 아이 진정시켜 놓았는데, 막상 꽃

무늬 앞치마를 한 선생님을 본 순간 또 '앙' 하고 울음을 터뜨려요. 이런 상황이 공감되세요?

결국, 선생님께 떠넘기듯 아이손을 뿌리치고 나왔는데, 닫힌 문너머로 울음소리가 계속 들리는 거예요. 몇 걸음 가다가 도저히 못 가고 담벼락에 돌아서서 저도 훌쩍거리다 출근하는 거죠.

출근해서는 오전에는 정신없이 일해요. 그러다 점심쯤 되면 문득문득 환청처럼 들려오는 아이 울음소리에 속이 꽉꽉 막히고 가느다란 바늘이 콕콕 찌르는 것처럼 가슴이 따끔거려요. 식판 위의 밥이 넘어가지 않아서 숟가락을 세워 든 채 등을 곧게 펴고 배를 쓸어내려 보지만, 마치 돌덩이처럼 딱딱한 게 걸린 듯 속이 불편해요.

시어머니는… 제가 일하는 걸 못마땅하게 보셨어요. 특히 첫째 낳고 육아 휴직 끝날 때쯤엔… '핏덩이를 맡겨두고 나가서 일할 마음이 생기니?'라고 하시더라고요. 잠시 컵을 만지작거리던 그녀가 이야기를 이어갔다. 그때 제가 그런 생각을 했어요. '그러게요, 당신 아들이 좀 잘 벌었다면 좋았을 텐데요'라는 말이 정말 목구멍까지 막 올라오는데… 꾹 눌러 참았죠.

결혼 전에 시간이 없었죠. 그런데 결혼하고 보니 시간도 없는데 마음의 여유는 더 없더라고요. 그녀는 숨을 깊게 한 번 고르고 말을 이어갔다. 회사는 정말 냉정해요. 기혼이잖아요? 아이가 하나든 둘이든… 같은 실수도 '애 있는 여자'가 하면 더 눈치를 줘요. 대놓고 말하진 않아도 사무실 공기로 느껴요. 무언가 많이 봐줘야 하는 존재처럼… 그런 분위기요. 좀 억울해요. 그녀의 목소리에는 분함이 섞였다.

나이 마흔이 넘도록 여기까지 놀면서 올라왔겠느냐고요. 공짜로 얻은 직급이 아니잖아요. 그런데도 연봉만큼 눈칫밥을 먹어야 하니까… 속이 상하더라고요. 그만둘까? 하는 생각을 매일 해요. 하지만 둘째 낳고 1년 쉬고 얼마 전에 복직했는데… 그만두면 십년 경력이 여기서 끝나는 거니까… 또… 요즘 같은 경기에 혼자 벌어서 어떻게 살아요.

일은 해야 하는데… 아이 볼 시간이 없어서 정말 미안해요. 계속 이런 생각이 들어요. '나는 나쁜 엄마가 아닐까?' 하루에도 몇 번씩… 아침에 울며 떨어지는 아이 보면서도, 회사에서 야근하면서도. 이게 맞는 건가, 그냥 일을 그만둬야 하나 하고요. 어느새 그녀의 눈가가 촉촉하게 번져 있었다. 길은 하나밖에 없는데, 일은 해야 하는데… 그런데도 계속 망설이게 되는 거예요. 마치…

복잡한 미로 안에 갇힌 기분이에요.

분명 쉽게 답이 나오지 않을 고민이었다. 나도 아이를 키우는 부모로서, 맞벌이 가정의 힘겨움을 알고 있다. 위로의 말을 건네야겠는데, 뾰족한 답이 떠오르질 않았다. 잠시 머뭇거리던 나는 이런 말을 건넸다.

"사랑은 양이 아니라, 밀도가 아닐까요?"

나도 상황은 비슷하다. 아이가 잠든 밤에야 퇴근하고, 주말에야 겨우 함께 시간을 보내는 스스로가 못난 아빠 같을 때가 많다. 그러면서 문득 이런 생각이 들었다. 미안함에 몰입된 관점을 조금 옮겨서, 엄마와 아빠가 아닌, 아이의 시선으로 지금, 이 상황을 바라보면 어떨까 하는.

우리 기억 속에는 저마다의 어린 시절이 있다. 그때 아이에게 부모는 세계 그 자체다. 하지만 그 아이들이 부모에게 진정 바랐던 것이 '시간의 양'이었을까. 내 기억 속 부모는 늘 정신없이 바빴었다. 그래서일까, 엄마나 아버지와 함께한 특별한 순간들은 손에 꼽을 만큼 적다. 하지만 쉰을 바라보는 나이가 되도록, 함께 보낸 시간이 짧았다고 해서 사랑받지 못했다고 느낀 적은 없었다. 잊을 수 없는 인생의 몇몇 순간들은 함께 보낸 시간의 많고 적음 때문이 아니라, 그 안에 담긴 이야기 때문이다. 이야기의 밀도가 기억을 특별하게 만드는 것이다.

이야기로 남은 순간은 세월이 아무리 흘러도 아이의 기억에서 퇴색하지 않는다. 서사가 있는 기억에는 인물과 사건, 그것이 벌어진 배경까지 한데 어우러져 살아 있다. 거기서 감정의 움이 돋아서 잊히지 않는 기억이 만들어지는 것이다. '인상적인 감정'이 만들어질 때 그것이 '인상적인 기억'이 된다. 사건이 어떤 감정으로 마무리되느냐, 그 끝 감정에 따라서 기억은 저마다의 감정으로 지어진 방에 저장된다. 우리 마음속에는 슬픔의 방, 두려움의 방, 분노의 방, 기쁨의 방, 행복의 방, 사랑의 방이 있다. 그 방 안에 저장된 기억들은 모두 자기만의 서사를 가지고 있다. 잊히지 않는 기억들은 예외 없이 하나의 짙은 감정 속에서 생동하는 이야기로 살아 있다. 그렇다면, 이제 우리가 해야 할 일은 명확해진다. 아이의 마음에 '사랑받고 있다는 감정'이 또렷하게 새겨지는 순간을 만드는 것이다.

이야기를 이어가자면 나의 과거로 거슬러 올라가야 할 것 같다. 아버지에 관해서는 지금도 보름달처럼 환하게 떠오르는 기억이 있다. 매주 토요일 함께 갔던 목욕탕 풍경이 그중 하나다. 집에

욕실이 없던 시절, 매주 토요일 아침이면 아버지와 함께 목욕 바구니를 들고 동네 목욕탕으로 향했다. '부산 목욕탕'이라는 간판을 올려다보면서 어린 나는 늘 의아했다. 여기는 부산이 아닌데, 왜 부산 목욕탕일까.

뜨거운 물에 몸을 담그면 온몸이 몽글몽글 풀어졌다. 점점 숨이 차오르고 몸이 뜨거워지면 나는 숫자를 세기 시작했다. "하나, 둘, 셋…." 100까지 세다 보면 어김없이 아버지가 탕 밖에서 불렀다. 플라스틱 의자에 쪼그리고 앉아 등을 맡기는 순간, 초록색 때 타올을 손에 낀 아버지의 손이 내 등을 쓸어내렸다. 손이 오르내릴 때마다 나는 작은 비명을 질렀다. 간지럽고 아프고 시원한, 묘한 감각이었다. 목욕을 마치고 밖을 나서면, 아버지는 늘 야쿠르트 하나를 손에 쥐어 주었는데, 나는 그 맛에 살갗이 벗겨질지 모른다는 두려움에도 다음 일주일을 기다리고는 했다.

또 다른 기억은 여름이면 개울에서 목욕하던 일이다. 늦은 오후가 되면 아버지는 앞집 쌀가게에서 빌린 자전거에 동생과 나를 뒷자리에 앉혔다. 둑길을 달리는 바퀴 소리에 섞여, 핸들에 매달린 빠다코코넛 봉지가 바람에 살랑살랑 흔들렸다. 아버지만 아는 비밀스러운 개울 상류를 거슬러 올라가며 덜컹거리는 비포장 길 위에서 우리는 즐거워했다.

돌아오는 길, 어느새 해는 기울어 있었다. 온 세상이 분홍빛으로 물들기 시작할 무렵, 석양을 등지고 페달을 밟는 아버지의 등은 석양을 온통 가려버릴 만큼 넓었다. 세상이 온통 분홍빛으로 물들어가는 것을 지켜보면서 집으로 돌아오던 황혼 속 자전거 위에서의 기억은, 지금도 내 안에서 선명하게 빛나는 기억 가운데 하나다.

아버지가 풍경으로 기억된다면, 엄마는 음식으로 기억된다. 자취를 시작하면서 몸이 아프거나 마음이 외로워지는 날이면 어김없이 간절해지는 게 엄마 음식이었다. 그중에서도 늘 그리웠던 음식은 구수한 비지찌개와 짭조름한 양미리 조림이었다. 그 두 가지면 충분했다. 마음이 공허할수록 간절해지는 맛이었다. 그 음식에는 어릴 적 엄마와의 이야기가 고스란히 기록돼 있다. 엄마가 그리워지는 날이면 전화를 걸어 괜히 안부를 묻기도 하고, 때로는 무리를 해서라도 고향으로 내려갔었다. 그런 마음을 알아서 엄마는 종종 손수 음식을 장만해서 택배로 보내주셨다. 엄마 음식은 그 어떤 선물보다 귀했다. 맛도 맛이지만 말 그대로 영혼을 살리는 음식이기 때문이다.

언젠가 화면 속에서 본 한 장면이 잊히지 않는다. 아프리카의 어느 부족 마을에서 물이 부족해 어린아이가 매일 물을 길러 가는 모습이었다. 겨우 일곱 살 된 아이가 머리 두 개는 돼 보이는 물동이를 이고 4km를 걸어 물을 길러 가는 장면이었다. 보는데 말문이 막혔다. 저렇게 앙상한 팔다리로 물동이를 지고 왕복 8km를 걷는다니, 믿기지 않는 광경이었다. 환경이 척박하면 아이도 서둘러 어른이 될 수밖에 없었다. 아이들도 부모의 어려움을 안다. 그들도 상황을 헤아린다. 때로는 삶의 험난한 조건이 아이들을 조숙하게 만들기도 했다.

이런 상황들을 생각해 보면 사랑은 단순한 양의 문제는 아닐 것이다. 사랑은 아이가 느낄 때 비로소 사랑이 된다. 그렇다면 어떻게 사랑을 전해야 할까. 아빠는 되도록 몸으로 놀아주는 게 좋겠다. 아이와 함께 뒹굴고, 웃고, 신나게 소리 지르는 순간들, 아빠가 '아빠'임을 잠시 내려놓고 친구가 되어줄 때, 아이들은 진정 행복해한다. 그런 순간이 아이들에게 특별한 기억으로 남는다. 아빠가 친구가 되면, 아이는 말이 많아진다. 마음을 열면, 말의 문도 열리는 법이다. 우리 아버지 세대는 자식들과 '논다'는 개념 자체가 생소했다. 그런데도 어린 나는 알았다. 자식과의 관계에서 어디서부터 손을 대야 할지 몰라 주춤하시는 아버지의 마음을. 서툴고 어색하지만, 결코 마음만은 작지 않았던 그 사랑을 말이다.

나도 평일에는 아이와 제대로 된 시간을 갖기가 쉽지 않다. 하지만 주말만큼은 다른 아빠가 되려고 노력한다. 아이가 쓰는 단어로 말하고, 아이처럼 과장되게 웃고 반응하려 한다. 한번은 아이와 걸으면서 이야기를 하는데, 뒤따라오던 아주머니께서 '너무 보기 좋네요'라고 한다. 아이가 하는 말마다, '그랬어!' 하거나 '아, 그렇구나!' 하고 과장될 정도로 맞장구를 쳐주는 게 좋아 보였던 것이다. 아빠가 친구는 될 수 없지만, 함께하는 시간만큼은 친구 같은 아빠가 되려고 한다.

중요한 건 하나다. 아이와 함께한 이 시간이 끝났을 때, 아이 마음에 어떤 감정을 '남기는가' 하는 것이다. '행복'한 기억으로 남길 바란다면 아빠는 단순히 '놀아주는' 어른이 되어선 안 된다. 놀이 속으로 완전히 들어가서 진짜 아이가 되어야 한다. 아이의 높이에서 세상을 바라보고, 아이의 시간을 살아가고, 아이의 마음으로 함께 웃고 울 수 있어야 한다. 바로 그때 보물 같은 기억 하나가 '행복'이란 '감정의 방'에 저장되는 것이다.

엄마도 마찬가지다. 다만 엄마에겐 아빠와 다른 특별한 무기가 있다. 바로 음식이다. 음식만큼 오래도록 마음속에 남는 기억은 드물다. 아이들이 진심으로 좋아하는 음식 두세 가지면 충분하다. 그것만으로도 엄마에 대한 행복한 기억은 깊고 단단해진다.

그러니 '시간 없는 엄마'라며 자신을 책망하지 말자. 대신 아이들이 '우리 엄마가 최고'라고 자랑할 만한 '영혼의 음식'을 평소에 연습해 보는 것이다. 아이가 원할 때마다 그 음식을 차려주면, 그것이 언제 어디서든 엄마와 아이를 잇는 사랑의 다리가 될 것이다.

아이가 어디에 있든 엄마의 음식은 잊을 수가 없다. 연어에는 태어난 강을 거슬러 오르는 귀소본능이 있듯, 음식에 대한 향수는 아이들의 마음이 외로워질 때 내가 사랑하는 존재를 떠올리게 하는 회귀성을 자극한다. 그러니, 가능한 많은 시간을 보내주려는 엄마가 되려고 하기보다, 우리 엄마 최고라고 자랑할 만한 엄마표 메뉴를 만드는 데 더 현명하게 시간을 할애해 보라 말하고 싶다.

이쯤에서 오늘의 상담을 마무리해야 했다.

"사랑은 어디까지나 꺼지지 않는 불쏘시개 같은 거예요. 작은 불씨지만 필요할 때마다 입김을 불어넣으면 다시 활활 타오르거든요. 제가 힘들고 외로울 때마다, 그 작은 불씨는 변함없이 저를 위해 타올랐어요. 그게 바로 부모의 사랑이라는 거예요. 불씨는 작아도 괜찮아요. 언제든 꺼내 쓸 수 있게 늘 준비돼 있어야 하니까. 오히려 작은 게 더 나을지도 몰라요." 그녀를 바라보며 말을 이었다. "그러니 조금은 마음을 가볍게 가지셔도 될 것 같아요."

"그리고 맞벌이를 할 수 있다는 건 다행이죠. 그러니 당당하게 하세요. 가족을 사랑하고 내 아이를 아끼는 마음에서 시작한 일이잖아요. 죄책감은 아이를 위한 것이 아니라, 우리 자신을 괴롭힐 뿐이에요. 지금 생각해 보니 모성이 이기적이라는 말도 맞아요. 세상에서 우리 아이만큼 중요한 게 어디 있겠어요. 그 이기심이야말로 사랑의 본질이죠. 부모의 마음속 작은 불씨면 충분해요. 아이들은 그것만으로도 추운 겨울을 견딜 수 있으니까요."

아이들의 심장이 얼마나 작은지 우리는 자주 잊는다. 그러니 그 작은 공간을 거대한 사랑으로 채우려 애쓸 필요 없다. 주고 싶은 사랑이 아니라, 아이가 기억할 사랑을 주자. 아이의 마음속에 '부모에게 진정 사랑받고 있다'는 선명한 감정이 새겨지도록.

시간이 부족하다고 마음을 졸이지 말자. 부모로서 감당할 수 있는 만큼의 사랑이면 충분하다. 아이의 가슴은 작지만, 부모를 헤아리는 그 마음은 우리가 생각하는 것보다 훨씬 깊고 넓으니까. 아이가 먼 훗날, 삶이 힘들고 외로워질 때 언제든 부모에게 돌아올 수 있도록 기억의 길을 만들어 주자.

필요하면 언제든 연어가 되어 자신이 태어난 강을 향해 돌아올 수 있도록.

"아이의 작은 가슴에는 부모와 함께한 몇 개의 장면들이 저장됩니다. 매일 함께 보낸 시간이 아니라, 특별했던 그 순간의 감정이 남아요. 목욕탕에서 등을 밀어 주던 아버지의 손길, 몸이 아픈 날 엄마가 만들어 준 따뜻한 음식…

그러니 이제 질문을 바꿔보세요. '내가 얼마나 많은 사랑을 주었는가?'가 아니라 '아이는 얼마나 많은 사랑을 받았다고 느끼는가?' 시간이 부족해도 괜찮습니다. 완벽하지 못해도 괜찮아요. 다만 아이가 훗날 삶이 힘들 때, 연어처럼 돌아올 수 있는 따뜻한 기억 하나면 됩니다."

27 삼각김밥에는 온기가 없고, 바나나우유에는 바나나가 없다

2020년 9월 23일 아침 6시 45분. 교대역 지하철 2호선 1번 출구. 편의점에서 서둘러 나오는 청년. 서늘한 아침을 가르는 그의 걸음은 급했고, 얼굴은 바싹 마른 바게트 같았다. 푸석한 피부와 잠을 설친 듯 움푹 들어간 눈이 말하는 것은, 아마도 짧았던 밤과 긴 피로일 것이다. 그의 한 손에는 냉장고에서 막 꺼낸 삼각 김밥 하나가 들려 있었다. 그 장면이 순간 나에게 사진처럼 찍혔는데, 이 장면이 우리 시대 청년을 설명하는 하나의 상징이라는 생각이 들었다.

삼각김밥에는 온기가 없다. 차가운 냉장고에서 나와 차가운 손에 들려진 그것은, 엄마의 손길이 닿은 따뜻한 밥과는 다른 존재다. 온기란 단순히 온도의 문제가 아니다. 그것은 돌봄의 흔적이고, 사랑의 상태이며, 관계의 미래다. 하지만 이 시대의 청년들은 돌봄 없는 음식, 사랑 없는 식사, 고립된 끼니로 내몰리고 있다.

바나나우유에는 바나나가 없다. 이름만 바나나일 뿐, 그 안에는 인공 감미료와 향료만이 들어 있다. 이것이야말로 우리 시대 청년을 상징하는 완벽한 은유가 아닐까. 이름과 실체의 괴리, 약속과 현실의 간극은 그들이 입고, 먹고, 마시는 것들로 은유된다.

급하게 때우고자 하면 어찌 죄다 중요한 것이 빠져 있다. 중요한 것이 빠져야 '만만한' 가격이 되기 때문이다. 자본주의는 우리에게 여러 선택지를 제공하는 듯 보이지만, 실은 선택할 수 없는 조건을 강요한다. 냉면 한 그릇이 만 원을 넘겼다. 끼니를 고민하며 매번 산수를 해야 하는 일은 슬프다.

청년들은 급해지면 자기에게서 가장 소중한 것부터 뺀다. 꿈, 희망, 관계, 돌봄, 온기. 그런 것들을 다 빼고 나면 그제야 그들이 가질 수 있는 '경쟁력 있는' 가격이 된다. 그런 상품들이 진열대에는 즐비하다.

사는 것이 거칠수록 잘 먹어야 한다. 식사는 단순히 배를 채우는 일이 아니라 자신을 지키고 존중하는 최소한의 의식이기 때문이다. 속이 든든해야 일할 힘도 생기고, 삶에 여유도 생긴다. 여유가 있어야 넓은 시야가 생기고 결국 꿈도 꾸게 되는 것이다.

밥은 먹는 것이고, 끼니는 때우는 것이다. 먹는다는 것은 시간을 소유하는 일이다. 반면 때운다는 것은 시간에 쫓기는 일이다. 먹는다는 것은 관계를 맺는 일이다. 때운다는 것은 관계를 단절하는 일이다. 먹는다는 것은 자신을 돌보는 일이다. 때운다는 것은 자신을 방치하는 일이다.

내가 나를 홀대하는 삶에 익숙해져서는 안 된다.

따뜻한 밥을 먹는다는 것은 세계를 향한 소극적 저항이다. 이 빠른 세상에 맞서 속도를 조절하는 것이고, 효율성에 맞서 비효율을 감수하는 것이며, 시장의 논리에 맞서 내 삶의 논리를 세우는 것이다. 이것은 스스로를 지키는 작은 혁명이다.

그날 아침 교대역에서 마주친 그 청년이 오늘은 조금 더 따뜻한 아침을 맞이했으면 좋겠다. 그의 손에 들린 것이 끼니를 때우기 위한 것이 아니라, 자신을 조금이라도 돌보려는 마음의 여유였으면 좋겠다.

"가끔 냉장고 문을 열어놓고 한참 안을 들여다봅니다. 뭔가 있을 것 같은데, 정작 만들어 먹고 싶은 게 없습니다. 그럴 때 문득 궁금해집니다. 언제부터 밥 먹는 일이 이렇게 피곤한 일이 되었을까.

어릴 때는 달랐어요. 엄마가 "밥 먹어라." 하면 밥상 앞에 앉아, 갓 지은 밥을 호호 불어가며 맛있게 먹었었죠. 집을 떠나 독립하기 전까지 우리는 밥을 먹었지 끼니를 때워본 적은 없었던 것 같습니다. 그런데 언제부턴가 '끼니'가 늘었습니다.

토요일 늦은 오후, 아무도 재촉하지 않는 시간에 라면 하나를 끓여 먹으면서 '아, 맛있다' 하고 중얼거리는 순간에는 참 행복합니다. 라면이어도 끼니가 아니라 밥이니까요. 밥과 끼니의 차이 별거 아닌 것 같지만 그 작은 차이가 행복의 밀도를 달리합니다. 누군가 차려준 밥이 아니어도, 비싸지 않아도, 비록 혼자 먹는 밥이어도 천천히, 꼭꼭 씹어서, 느긋하게 먹는 밥 덕분에 우리의 영혼이 회복되니까요.

내일도 바쁘겠지요. 그러다 보면 또 편의점 앞에서 망설이게 될지도 모르고요. 그래도 하루 한 끼는 우리 자신에게 제대로 된 음식을 먹여 주세요. 밥이 끼니가 되지 않게, 그것이 당연한 일상이 되지 않게."

28 우리 집 밥상

사무실이 있는 교대 뒷골목은 점심시간을 넘기면 한산하다. 약속이 있어 밖에 나갔다 들어오는 길에 못 보던 간판이 눈에 걸려 잠시 걸음을 멈췄다.

〈우리 집 밥상〉
간판을 내건 주인이 나고 자란 '우리' 집이 어디건 간에 지나다니는 행인들이 이 간판을 발견했을 때는 저마다의 고향 밥상을 한 번쯤 떠올려보지 않았을까. 서울 인구의 절반은 외지 사람이라고 하니 멀리 떠나온 사람에게 '우리 집 밥상'은 그 따스함이 피부로 스미는 말일 수밖에 없다.

간판을 보면서 학창시절 엄마가 차려주던 '우리 아들 밥상'을 떠올렸다. 우리 집 밥상이란 말보다 내게 더 끌리게 그리운 말은 엄마가 손수 차려주시던 '우리 아들 밥상'이다. 엄마는 소박한 찬을 내놓아도 담아내는 그릇만큼은 신경을 썼다.

경상도식으로 빨갛게 물든 콩잎이 하얀 도자기 그릇에 담겨 나오고, 갓구운 생물 고등어는 청색 그릇 위에서 지글거렸다. 물김치는 잔물결 무늬가 새겨진 유리그릇 속에서 투명하게 빛났고, 뜨거운 밥은 사기그릇에서 몽글몽글 김을 피워올렸다. 엄마는 끓는 된장 뚝배기를 작은 상 중앙에 먼저 놓고 나서, 그 주위를 빙 둘러가며 찬들을 자기 자리에 찾아 앉혔다. 익숙한 자리 배치는 세월이 가도 한치 틀릴 줄을 몰랐다.

내가 허겁지겁 밥그릇을 비우는 내내 모자란 찬을 챙기느라 엄마의 두 손은 분주했다. 스무 살이 넘은 아들에게 "천천히 먹어.", "꼭꼭 씹어 먹어.", "넌 먹는 게 늘 급해." 하시던 그 목소리를 생각하면 퇴근길 머리 위로 부는 바람에서조차 엄마를 그리워하고는 했다. 가끔 고향에 내려가면 지금도 엄마가 차려주시는 '내 아들 밥상'은 달라진 게 없다.

목소리에 기운이 실린 엄마의 꾸지람을 들으면, 엄마와 내가 공유하고 있는 세계가 여전히 유효하다고 느낀다. 거기서 오는 안도의 감정은 말 그대로 안심이면서 동시에 밀어내고 싶은 세월의 슬픔이기도 했다.

해가 지기 시작하면 눈에 들어오는 석양에서 아련한 감정을 느끼게 된다. 서초역 빌딩 숲 너머로 가느다란 선들이 붉게 붉게… 번져나간다. 노을을 껴안은 수평선은 연기처럼 피어올라 곧 서쪽 하늘을 뒤덮었다. 너무 아름다운 것에는 감출 수 없는 슬픔이 있다. 슬픔의 본질은 가질 수 없는 것, 곧 사라지고 마는 것들에 대한 기억일 것이다.

검붉은 빛이 사라지고 나면 사무실 창가에는 어김없이 어둠이 내려앉는다. 퇴근할 때가 되면 낮의 팽팽하던 시간이 엿가락처럼 늘어지고 그 틈을 비집고 헛헛함이 밀려온다. 아름다운 것들이 사라진 자리에 남는 건 허기진 공허함이다. 때마침 '꼬르륵' 소리와 함께 시장기가 돌았다. 그 순간, 낮에 봤던 그 집이 생각났다.

오래된 양옥집을 수리한 가게에는 구석구석 세월의 흔적들이 덧칠되어 있었다. 구석진 곳에 자리를 잡고 삼겹살 2인분과 맥주 한 병을 시켰다. 둥근 양철판 위에 밑반찬이 척척 차려졌다. 맛도 찬도 엄마 것과는 다르지만 '우리 집 밥상'이란 간판만으로 움켜쥐고 있던 주먹이 스르르 풀리는 기분이었다.

그 집 밥상머리에 앉아 우리 엄마 밥상을 생각했다. 가게 안 테이블 주위로 곧 이름 모를 아들과 딸들이 자리를 차고 둘러앉았다.

이들은 모두 자기 고향을 목소리에 담고 온 사람들이었다. 경상도, 충청도, 전라도 말씨가 구수하게도 섞였다. 가게는 좁아도 손님은 전국구였다.

밥상 위는 오색 찬이 가득가득 올려졌고 테이블마다 지글지글, 보글보글 올라오는 뿌연 김이 가게 안을 채웠다. 그 김 속에서 저마다의 기억들이 피어오르는 것만 같았다. 쨍하고 소주잔 부딪히는 소리가 정겹게 울렸다.

사람들이 웃는다. 낮에는 눈을 씻고 찾아도 볼 수 없던 순진한 얼굴들이, 어디서 왔는지 모여앉아 5월의 청보리처럼 술렁거린다. 이렇게 보면 남자도 여자도 늙은이도 젊은이도 맑고 밝고 그렇게 고울 수가 없다. 그들의 웃음은… 어쩌면 매일매일 상실해가는 것들에 대한 위로일지도 모르겠다. 세상에 나쁜 사람은 없다. 나쁜 상황이 있는 것이다. 세상이 자꾸만 사람을 힘하게 만드는 것이다. 문득 그런 생각이 들었다.

낯짝이라도 두꺼웠더라면 술 한 잔 건네면서 합석이라도 청했을 텐데…. 그럴 용기는 없고 소심한 나는 불판 위 삼겹살을 뒤집으며 그저 혼자 웃는다. 이슬 같은 웃음들이다. 뺨은 발갛게 달았고, 안은 대낮처럼 환했다.

"'사람이 나쁜 게 아니구나, 상황이 나빴을 수 있겠구나' 하는 관점은 사람에 대한 연민의 가능성을 열어줍니다. 사람을 미워하는 대신 그가 처한 상황을 이해하려 노력할 수 있게 합니다. 그러면 그가 나를 향해 웃습니다. 왠지 아랫배가 따뜻해집니다. 우리는 모두 그리움에 목마른 사람들입니다."

## 29					말의 문

돌이 지나고, 버둥대며 엄마라는 말을 처음 엄마에게 배웠다.

내 아이가 태어나고 알았다. 엄마는 내가 작은 베개만할 때 배를 붙여 납작 엎드린 시선으로 내 까만 눈동자에 눈을 맞췄다. 내가 거실 쓰레기통만큼 자랐을 때는 어정쩡한 눈높이를 맞추느라 쪼그리고 앉아 내게 말을 걸었다. 엄마는 아이의 눈동자가 말의 문이라는 걸 알았던 것이다. 눈동자를 서로 맞추지 않으면 아이의 말문이 열리지 않는다는 걸 어떻게 알았을까. 누가 가르쳐주지 않았는데도 엄마는 알고 아빠는 몰랐다.

내 나이 마흔여섯인 지금도 엄마는 내 눈을 보고 말을 하고, 아빠는 천장이나 내 머리 뒷벽을 보고 얘기한다. 부자간 말문이 막히는 데는 이유가 있다.

"'작은 베개', '거실 쓰레기통'이라는 표현을 썼을 때, 저는 아이의 성장을 측정하는 엄마만의 독특한 단위를 생각했습니다. 센티미터나 킬로그램 같은 객관적 수치가 아니라, 일상의 사물들과 비교해가며 아이의 크기를 가늠하는 엄마의 시선에는 특별한 애정이 담겨 있습니다.

더 중요한 것은 그 변화하는 크기에 맞춰 끊임없이 자신의 자세를 조정하는 엄마의 몸짓입니다. 배를 붙여 납작 엎드렸다가, 쪼그리고 앉기로 이어지는 이 행동의 변화는 자라는 존재에 대한 끊임없는 적응이자, 상대방의 세계로 들어가려는 의지의 표현입니다.

이 글에서의 핵심은 '눈높이'라는 개념입니다. 위에서 내려다보거나 아래에서 올려다보는 것이 아니라, 정확히 같은 높이에서 바라보려는 노력 말입니다. 이는 '나'와 '너'라는 존재론적 평등을 의미합니다. 비록 어른과 아이라는 위계가 있지만, 소통의 순간만큼은 동등한 인격체로 만나겠다는 것이죠.

어정쩡한 눈높이를 맞추느라 애쓰는 모습에서 저는 사랑

의 서툰 완벽함을 봅니다. 완벽하게 맞아떨어지지 않는 그 어정쩡함이야말로 사랑의 증거입니다. 기계적으로 정확한 것이 아니라, 조금 어색하고 불편해도 상대방에게 다가가려는 노력, 그것이 진정한 사랑의 본모습인 것 같습니다."

30 돌아서지 않는다

"힘든 티 내지 마세요!"

서른아홉에 시작한 복싱이 나에게 가르쳐 준 것은 삶을 마주하는 법이었다. 첫 경험의 기억은 이렇다. "저 스파링 한번 해보고 싶은데요." 일주일 넘게 줄넘기만 하던 내가 던진 말에 코치는 고민도 없이 고개를 끄덕였다. 장비를 사용하지 않는 운동이라 그리 어려워 보이지 않았기 때문이다.

하지만 링에 올라서자 눈앞의 풍경이 바뀌었다. 밖에서 보던 좁디좁은 사각의 링이 순간 운동장처럼 넓게 느껴졌다. 헤드기어를 조인 상대의 얼굴에는 웃음기라고는 찾아볼 수 없었다. 싸늘했다.

종소리와 동시에 심장이 폭발하듯 뛰기 시작했다. 글러브를 낀 두 손은 허공에서 어찌할 줄 모르고 방황했다. 상대는 몸을 낮추며 천천히, 그러면서도 확실한 의도를 가지고 나를 향해 거리를 좁혀왔다. 시곗바늘이 3분에서 0초로 향하는 동안, 시간은 끈적하게 흘렀다. 그때 예상치 못한 주먹이 내 이마를 강타했다. 순간 번쩍하더니 의식이 끊어졌다가 다시 이어지는 기묘한 느낌, 머릿속은 물속에 잠긴 듯 몽롱했고, 주변 소음은 순식간에 멀어졌다가 메아리처럼 돌아왔다.

한 대 맞는 순간, 시선은 상대의 몸짓에 초점을 맞췄다. 상대의 발놀림, 감춘 뒷손, 빈틈을 찾는 시선, 힘이 실린 발끝까지. 모든 것이 위협으로 다가왔다. 문명의 가면 아래 잠들어 있던 생존 본능이 깨어난 것이다.

폐가 쪼그라드는 기분이었다. 아무리 깊게 들이마셔도 산소는 부족했고, 가슴은 불을 지핀 듯 타올랐다. 사방을 둘러봐도 도망갈 곳은 없었다. 맞서 싸우거나, 맞다가 쓰러지거나. 결론은 둘 중 하나였다.

1분도 지나지 않았지만, 발은 납덩이처럼 무거웠다. 링 위에서의 3분과 일상의 3분은 전혀 다른 차원의 시간이었다. 시간 안에서 살아가는 방식이 순식간에 바뀐 것이다. 일상에서 우리는 시간을 차례차례 통과하며 지나간다. 하지만 링 위에서는 오직 '이 순간'

만이 존재했다. 이 순간이란, '나'와 눈앞의 '그' 외에는 그 무엇도 존재하지 않는다는 뜻이다. 시간의 몰입도가 달라진 것이다.

그때, 두 번째 주먹이 턱을 강타했다. 몸에서 힘이 빠져나가며 휘청거렸다. 본능적으로 등을 돌리려는 순간, 링 밖에서 코치의 목소리가 들려왔다. "이대로 끝낼 거예요? 돌아서지 마세요. 복싱은 등을 보이면 끝이에요." 이 말은 기술적 조언이 아니었다. 그것은 존재에 대한 명령이었다. 등을 돌린다는 것은 상대를 부정하는 것이고, 동시에 자기 자신을 부정하는 것이다. 마주함을 포기하는 순간, 우리는 존재하기를 포기하는 것이다.

그렇게 나의 복싱은 시작되었고, 체육관에 등록한 지 석 달 만에 나는 첫 아마추어 시합에 도전했다. 그때가 서른아홉이었다. 시합장에는 다부진 근육을 한 남자들이 미리부터 몸을 풀고 있었다. 미트를 내리치는 주먹에서 나오는 둔탁한 타격음이 심장박동과 동조되어 울리는 것 같았다. 들어서자마자 나는 현장 분위기에 완전히 압도되었다.

이후 몇 번의 시합을 거치면서 깨달은 것이 있다. 복싱에서는 침착함을 유지할 것, 규칙적으로 호흡할 것, 등을 보이지 말 것, 그리고 얼굴에 감정을 드러내지 말 것. 이 네 가지가 복싱에서 승패를 가르는 절대적 조건이었다. 결국, 복싱은 자신을 통제하지 못하면, 자기에게 당하는 스포츠였다.

복싱에서는 3분 동안 상대만을 응시해야 한다. 시아에서 상대가 사라지는 순간, 그건 내게 곧 끔찍한 일이 닥친다는 것을 의미한다. 상대를 집요하게 들여다본다는 건, 자신을 지키는 일이기도 하다. 그래서 링 위에서는 사회적인 가면이 벗겨지고, 날것의 낯선 자기 본성과 마주하게 되는 것이다.

"코치님은 시합을 포기하고 싶다고 생각한 적 없어요?" 언젠가 훈련이 끝난 후 물었다. "매번이요." 코치는 망설임 없이 대답했다. "매번 도망가고 싶었죠. 겁나고."

"그럴 때마다 어떻게 극복했어요?" 코치는 미트를 정리하면서 말을 이어갔다. "내가 겁나면, 내 상대도 지금 똑같이 떨고 있다고 생각해요. 훈련량도, 체육관 바닥에 흘린 땀의 양도 내가 더 많다고 자기암시를 하죠. 그러면 그 모든 노력이 아까워서라도 도망칠 수가 없어요. 그렇게 버티다가 내 차례가 되면 자연스럽게 링 위로 올라가게 돼요. 그리고 링에 들어서는 그 순간부터는… 신기하게도 아무 생각이 없어져요. 전쟁이 시작되는 거죠." 잠시 말을 끊은 다음 그는 말을 이어갔다.

"운동을 처음 시작할 때는 누구나 칭찬을 듣기 마련이에요. 지역 대회에서 순위권에 드는 정도는 그리 어려운 일도 아니고요. 재능이 있다는 말도 듣고, 주변에서 기대도 많이 해주죠. 하지만 선수 생활을 이어가다 보면… 언젠가는 나보다 강한 선수를 만나게 돼 있어요. 피할 수 없어요. 그러다 상대에게 지고 나면, 전에는 느껴보지 못했던 두려움이 생겨요." 그는 잠시 링을 바라보더니 다시 내게 시선을 돌렸다. "선수라면 누구나 이런 공포를 경험하게 되는 순간이 찾아온다고요. 예외는 없어요. 누구에게나 그 순간은 와요."

구석에서 훈련하는 신인 선수를 바라보며 그가 덧붙였다. "두려움을 인정하고 마주하는 게 중요해요. 많이 져봐야 좋은 선수가 돼요. 패배의 끝은 가능성의 시작이죠."

복싱에서는 어떤 상황에서도 등을 보여서는 안 된다. 등을 돌리는 순간 시합은 끝난다. 삶도 마찬가지다. 우리는 어려운 상황에서, 불편한 진실 앞에서 얼마나 자주 등을 돌리는가. 하지만 등을 돌리는 순간, 나의 성장 가능성을 포기하는 것이다.

이기고 지는 게 중요한 게 아니다. 세상과 투쟁하는 과정에서 내가 어떤 사람이 되어가는지가 중요한 것이다. 결국, 나라는 존재는 외부의 성취가 아닌, 스스로 내면에 새긴 흔적들로 단단해질 수 있는 것일 테니까. 넘어지고 헤맬 때마다 나는 딱 그만큼씩 나의 세계를 넓혀가는 것이다.

살아간다는 것은 계속해서 마주하는 것이다. 두려움을, 타자를, 그리고 자기 자신을. 그 마주함의 순간들이 쌓여 우리는 조금씩 더 온전한 존재가 되어간다. 복싱이 가르쳐 준 무엇보다 소중한 교훈이 바로 이것이다.

힘든 티 내지 말고, 등 돌리지 말고, 끝까지 마주하라. 그렇게 사는 사람만이 '내일은 있다'고 당당히 말할 수 있을 것이다.

"마주한다는 것은 상대방을 하나의 온전한 존재로 인정한다는 의미입니다. 설령 그 상대가 나에게 위협이 되고 고통을 주는 존재일지라도, 나는 그와의 관계를 유지하겠다는 의지를 보여주는 것이죠. 반면 등을 돌린다는 것은 자기 자신에 대한 포기입니다. '나는 이 상황을 감당할 수 없는 존재'라고 스스로를 규정하는 겁니다.

복싱에서 배운 이 교훈은 일상에서도 그대로 적용됩니다. 어려운 대화를 피하고, 불편한 진실에서 고개를 돌리고, 힘든 상황을 외면하는 것 모두가 일종의 등 돌리기입니다.

직장에서 부당한 대우를 받을 때, 가족 간의 갈등이 생겼을 때, 자신의 한계와 마주할 때, 우리는 종종 그 상황에서 벗어나려고만 합니다. 하지만 그렇게 등을 돌리는 순간, 우리는 그 관계와 상황에서 배울 수 있는 모든 것을 포기하게 됩니다.

마주함을 포기하는 순간, 우리는 존재하기를 포기하는 것입니다. 존재한다는 것은 세상과 끊임없이 관계를 맺는다는 의미이고, 그 관계는 편안한 것만이 아니라 때로는 고통스럽고 어려운 것들도 포함합니다.

우리가 성장하는 순간은 바로 이런 어려운 마주함의 순간들입니다. 나보다 강한 상대와 링에서 마주설 때, 나의 한계와 정면으로 부딪힐 때, 불편한 진실과 직면할 때 말입니다. 이런 순간들을 피하지 않고 정면으로 마주할 때 우리는 조금씩 더 단단한 존재가 되어갑니다.
물론, 마주하는 것이 늘 쉽지는 않습니다. 때로는 압도당하고, 때로는 패배할 수도 있습니다. 하지만 중요한 것은 결과가 아니라 마주하려는 태도 자체입니다. 그 태도가 우리를 살아 있는 존재로 만들어 주니까요.

나라는 존재는 '무엇을 피했는가'가 아니라
'무엇과 마주했는가'로 정의되는 것 같습니다."

31 플레이리스트

음악을 찾는 일이 쉬워진 세상이다. 손끝으로 몇 번 건드리기만 하면 알고리즘이 마음을 헤아린 듯 곡들을 줄줄이 늘어놓는다. '아침에 들으면 좋은 노래', '일할 때 좋은 노래', '잠자리에서 들으면 좋은 노래' 마치 감정까지 시간표로 관리당하는 이 친절함을 나는 조금 불편해하는 사람이다.

편의성이라는 이름으로 포장된 이 체계는 분명 효율적이지만, 감정을 채워주지 못하는 허함이 있다. 효율성이란 무엇인가를 제거함으로써 얻어지는 것이기 때문이다. 여기서 제거되는 것은 탐색의 시간, 실패의 가능성, 그리고 무엇보다 예기치 못한 만남의 기회다.

존재가 길을 잃을 위험을 없애면서 동시에 길에서 만날 수 있었던 모든 우연을 동시에 포기하는 것이다.

음악을 깊이 있게 감상하려면 곡 하나하나를 뒤적거려가며 나에게 맞는 음악을 찾아보는 수고로운 과정을 거쳐야 한다. 그러다 보면 어떤 곡의 선율 하나가 온몸의 세포를 깨우는 순간을 경험하게 되는데, 그때의 전율이라는 건 말로 설명할 수 있는 성질의 것이 아니다. 마치 잃어버린 기억의 조각이 딱 들어맞는 것 같기도 하고, 깜깜했던 방이 불현듯 환해지는 것 같기도 하다. 그것은 단순히 '좋은 음악'이 아니라 나와 세계 사이의 새로운 관계를 여는 하나의 사건이다. 그런 음악 앞에서는 '좋다'거나 '싫다'라고 하는 판단 따위는 무의미하다. 그저 그 순간, 세상이 놀랍도록 아름다워 보일 뿐이다.

적당히 타협한 남의 플레이리스트에서는 이런 우연한 기쁨을 경험할 수 없다. 그 안전한 목록은 마치 미리 정해진 여행 코스 같다. 효율적이지만 길을 잃을 위험도, 예상치 못한 발견의 가능성도 제거된 채로 말이다.

나는 지도 없이 걷는 것이 좋다. '이건 별로네', '이것도 한번 들어볼까' 하면서 한 곡 한 곡 문을 두드려보는 것이 좋고, '어쩌면 이번엔 굉장한 게 나올지 몰라' 하는 막연한 가능성에 마음을 맡기고 뒤적거리는 설렘도 좋다. 연거푸 마음에 들지 않는 곡들만 만나게 될 때면 힘이 빠질 때도 있지만, 여기저기 헤매다 보면 언젠가는 만나게 된다는 걸 알고 있다. 음악만이 아니다. 인생의 모든 일이 그렇다. 아름다운 것들은 계획되지 않은 곳에서, 실패의 가능성을 감수할 때 얻을 수 있다.

아티스트 이영훈 씨를 알게 된 건 '비 내리던 날' 들어간 작은 선술집에서였다. 비를 보니 술 생각이 났고, 손님 없는 가게에 앉아 추적추적 내리는 가을비를 바라보는데 〈비 내리던 날〉이 흘러나왔다. 전주를 듣는 순간 따뜻한 청주 잔에 스스로 몸이 잠기는 기분이었다.

바로 이런 순간이 진짜 운명적인 만남이 아닐까. 음악은 이제 단순히 귀로 듣는 소리가 아니라, 내가 세상과 만나는 특별한 창구가 된다. 빗소리와 함께 선술집에서 흘러나온 이영훈의 노래는 내게 단순히 '좋은 음악' 이상의 그 무엇이 되었다.

그것은 비 내리는 모든 날에 대한 새로운 감각을 열어준 열쇠였고, 이 계절과 나 사이를 잇는 다리가 되었다. 그 순간 우리는 음악을 듣는 것이 아니라 음악을 통해 살아간다고 말할 수 있게 된다. 예술이 삶의 장식품이 아니라 삶 그 자체가 되는 순간인 것이다. 손안에 음악이 들려 있는 시대가 되었지만, 편리한 접근이 만남의 깊이를 보장하는 것은 아니다.

이영훈의 〈비 내리던 날〉은 2012년에 발표된 1집 앨범에 수록되어 있다. 이 곡을 알게 된 것이 2016년쯤이니까, 발표되고 나서 4년이나 몰랐다가 우연히 듣게 된 것이다. 비 내리던 그 날, 동네 선술집에 가지 않았더라면, 아마 이 곡을 모르고 살았겠지. 대중적이지 않았던 그는 우연히 내 눈에 띈 외계행성과도 같았다.

어느 날, 나에게로 훅 끼어든 그의 음악은 비 내리는 모든 날, 이 세계와 얽힌 내 모든 순간을 사랑하고 싶게 만들었다. 지금도 그라는 행성은 여전히 내 주위를 공전하는 중이다.

"오래전 박웅현 씨가 한 '미시적인 우연은 거시적인 필연이다'라는 문장을 저는 참 좋아합니다. 아마도 그 문장이 진실의 어떤 핵심을 건드리고 있기 때문일 것입니다.

누군가에게 한눈에 반한다는 것은, 사실 이미 그의 내면에 특정한 사랑의 원형이 자리하고 있었음을 의미하는 것이 아닐까요. 그리고 그의 앞을 지나쳐간 수많은 사람 가운데서, 그 원형과 가장 가까운 형태를 지닌 누군가를 마침내 만나는 순간, 우리가 흔히 '운명적 사랑'이라 부르는 그 감정이 일어나는 것일 테지요. 그렇다면 이것은 표면적으로는 우연한 만남처럼 보일지언정, 실상은 언젠가 반드시 일어날 수밖에 없었던 필연의 완성이라 해야 할 것입니다. 다만 시간이라는 변수가 있었을 뿐이겠지요.

그러므로 첫사랑만큼 아름다운 무엇인가를 만나고자 한다면, 우리는 기약 없는 시간을 견뎌야 할 것입니다. 미시적인 것들이 쌓여 거시적인 의미를 이루기까지의 그 긴 시간을 말입니다. 바로 그 시간 속에 우연이라는 이름의 신비가 깃들어 있고, 아름다움이라는 이름의 은총이 있는 것이 아닐까 싶습니다."

32   오두막

얼마 전 한남동에 작업실을 얻었다. 한남동 작업실을 나는 오두막이라 부른다. 이 집은 어림잡아 50년 정도 되었다고 한다. 겉으로 보면 허름하다. 세월의 흔적만큼이나 켜켜이 쌓인 때를 빡빡 문질러 지우다가 문득 긴 세월 앞서 살다간 사람들을 떠올렸다. 이름 모를 몇 가정의 희로애락이 이곳을 거쳐갔을 것이다. 오두막 나이가 대략 50세라고 하니, 70년대부터 사람이 살았던 집이라는 말이다. 그래서일까. 이 낡은 오두막의 공기 속에는 매우 인간적인 정서가 감돈다. 이곳에 들어서면 어떤 실존적 밀착감을 느끼게 된다. 마치 생명의 여린 속살을 비집고 들어선 것 같은 안정감이 있다.

내가 이곳을 찾은 몇 번째 손님인지는 모른다. 나 역시 잠시 이곳을 거치는 누군가일 뿐이니까. 올해 겨울 실내온도가 20도를 넘어간 적이 없다. 그런데도 희한하게 춥지가 않았다. 구들장이 두꺼워서 한번 바닥이 예열되면 저녁 내내 온기가 유지됐다. 쉰 해의 혹한을 이겨낸 구들장이다. 빈자의 언 삶을 녹여 주었던 구들장이기에 쉽게 식지 않는 것이다.

처음 이곳에 왔을 때 작은 마당에 떡 하니 자리 잡은 큰 감나무에 감탄했다. 마당에는 사람 셋 정도가 올라가 차를 마실 수 있는 공간이 있고, 숨은 창고가 두 개나 있다. 공간에 마법을 부려놓은 것 같았다. 화장실은 폭이 매우 좁고 깊숙이 들어가 있는데, 이곳의 모든 공간은 이성과 합리가 무시된 임기응변의 변주곡 같은 공간미를 느끼게 한다. 이곳 오두막의 상징은 뭐니 뭐니 해도 마당에 뿌리 깊이 박힌 감나무인데, 뿌리가 담장을 파고들면서 몇 번이나 갈라지고 그 틈을 메웠는지, 세월과 투쟁해온 나무의 흔적이 뚜렷하다.

건축학자 루이스 칸은 집을 지을 때 반드시 공간의 의미를 해석하고 나서야 그걸 건축물에 적용한다. 그에 따르면 윈도window는 윈드wind와 아이eye가 합쳐진 말인데, 바람(=통하는 것)과 눈(=보는 것)이 창문의 존재 이유라고 한다. 그래서 루이스 칸은 창호를 통하는 창문과 보는 창문을 구분해서 설치한다. 사물의 존재 이유를 확인하고 나서야 형태를 결정하는 것이 건축가의 일이라는 루이스 칸의 말에는 울림이 있다.

이곳 오두막이야말로 그런 것 같다. 어느 공간 하나 의미 없는 곳이 없다. 끊임없이 고쳐가며 버텨낸 50년의 세월이 수많은 의미로 점철되어 있다. 오두막은 곳곳이 의미이고 이야깃거리다. 이 공간이 곧 사유다. 왜 이곳에 앉아 있으면 절로 차분하게 사색하게 되는지 살아 보니 이유를 알 것 같다.

사람이 공간을 찾는 게 아니라, 이처럼 공간이 마음에 들어와 스밀 때 비로소 사람은 머문다는 안도감을 느끼는 게 아닐까.

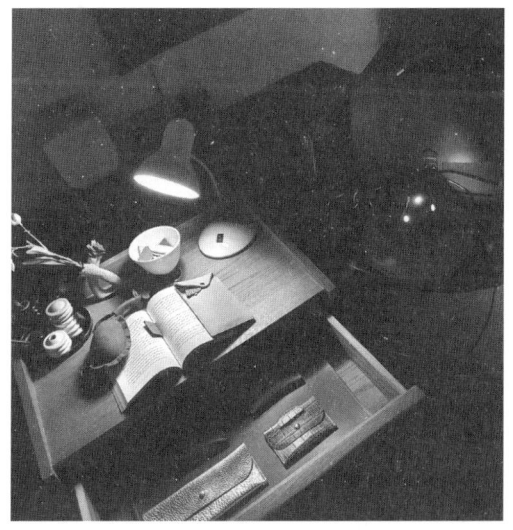

"쉰 해의 혹한을 이겨낸 구들장…. 긴 세월입니다. 어쩌면 빈자(貧者)의 언 삶을 오래도록 녹여 주었던 구들장이기에 쉽게 식지 않는 것이겠지요. 저는 오두막의 온기가 처음에는 두꺼운 돌의 축열 효과 때문이라고 생각했어요. 하지만 그 온기 속에 50년간 스며든 사람들의 삶이 있다는 걸 알게 되었을 때, 온기의 본질이 다르게 보이기 시작했습니다.

구들장은 기억합니다. 추운 겨울밤 몸을 맡기고 잠들었던 수많은 사람의 체온과 가난한 이들이 손을 비비며 아침을 기다렸던 마음을 말이지요. 그 모든 순간이 축적되고 스며들어 구들장 자체가 하나의 살아 있는 온기가 된 것 같습니다.

'빈자의 언 삶을 녹여 주었던'이라는 표현은 단순히 추위를 말하는 게 아니었습니다. 삶의 차가운 현실들, 그 모든 어려움이 이 구들장 위에서 조금이나마 누그러졌을 거라는 생각이 들었습니다. 구들장은 그런 소박한 인간의 희망을 50년간 고스란히 안아왔던 것입니다.

오두막에 앉아 있으면 저 역시 이 온기의 시간성에 참여하고 있다는 생각이 듭니다. 제가 이곳에서 느껴온 이 온기도 다음에 찾을 누군가에게 그렇게 전해질 테니까요."

33 피아노와 나

얼마 전, 내 삶과 조금 떨어진 세계의 이야기를 듣고 왔다. 피아노 인문학 클래식 살롱이란 모임이었는데 그곳에서 난생처음 피아노 속을 들여다볼 기회가 있었다. 피아노는 비좁은 집에서 큰 개를 기르는 것만큼이나 쉽지 않은 일이어서 형편이 어려웠던 시절 늘 저만치서 멀뚱멀뚱 바라보기만 했던 물건이었다.

두꺼운 목판을 밀어 올리자 훤히 속이 드러났다. 설명을 들으면서 유독 인상 깊었던 것이 소리를 유지하는 페달의 역할이었다. 궁금해서 인터넷을 찾아봤다. 페달은 피아니스트가 음을 정교하게 지휘하도록 돕는 장치란다. 곰발바닥처럼 캐비닛 아래에 달려 있는 게 페달이다.

건반을 누르면 펠트로 싼 댐퍼라는 것이 현을 아래로 눌러 소리를 끊는다. 이때 한 페달을 밟으면 댐퍼가 올라가서 진동하는 현의 소리가 유지된다. 소리가 끊기지 않으면 다른 소리와 섞여서 들리기 때문에 피아노의 음색이 풍부하고 매혹적이라고 한다. 누군가는 마치 여러 색조가 함께 소용돌이치는 수채화를 귀로 듣는 기분이라고도 했다. 페달이 있어서 손가락을 건반에서 뗀 뒤에도 우아한 음의 여운이 유지될 수 있다.

페달 얘길 듣다 보니 각자의 삶 아래에도 페달 하나씩은 있었으면 싶다. 가파른 일상을 허겁지겁 뛰어 내려가다 보면 가끔 내가 왜 이러고 사나 싶은 눅눅한 기분이 들 때가 있다. 장마철 마르지 않는 빨래 같은 기분 말이다.

마흔을 지나면서 한가지 알게 된 건, 인생에 불행이 닥칠 때 반드시 이유가 있는 게 아니란 것이다. 예고 없이 찾아오는 불행은 의외로 잦다. 대형사고는 아닌데, 그렇다고 가볍게 넘어가지지도 않는…. 하늘이 노랗도록 사람을 괴롭히다가도 언제 그랬냐는 듯 사라지는 설사 복통 같은 난감한 통증들. 이럴 땐 아랫배에 힘을 꽉 주고 퍼질러 앉아 쓰린 속을 비워내는 게 나에게는 최선이었다.

'자잘한 통증쯤은' 하고 묵혀두면 그게 쌓여 큰 병이 된다. 몸이든 마음이든 하늘이 노래지고 눈앞이 빙빙 도는 날은 잠시 걸음을 멈추는 게 좋다. 하루 일하지 않는다고 해서, 문자에 답하지 않는다고 해서, 걸려오는 전화를 받지 않는다고 해서 세상이 무너지지 않는다. 나로 인해 다른 사람이 잠시 불편한 게, 내가 나를 방관해서 속으로 곪는 것보다야 낫다.

집으로 가는 길, 아이스크림 가게에 들러 아몬드 봉봉을 하나 샀다. 당이 들어가니 바짝 에너지가 오른다. 기분이 좋아지고 삶이 단순해 보인다. 륙색에서 헤드폰을 꺼내 머리에 쓴다. 음악을 틀고, 걷는다. 발아래 페달을 밟는 기분으로 피아노 연주를 듣는다. 무작정 걷고, 무작정 들으면서, 땀에 절어 눅눅해진 하루를 피아노 선율에 걸쳐 본다. 피아노 소리를 듣는다. 육중한 몸집에서 흘러나오는 수채화 같은 음률에 가만히 귀 기울여 본다. 그러자 어느새 꼬들꼬들 빨래가 말라가듯 내 마음도 사뿐해지고 있다.

"문장에는 쉼표가 꼭 필요합니다. 이유는 리듬 때문입니다. 쉼표 없이 글을 읽다 보면 목이 칼칼해지고 발음도 새기 시작합니다. 마치 숨 쉴 틈 없이 달리기를 한 것처럼 말이지요.

가끔 좋은 글을 읽으면서도 왜 이렇게 숨이 차지, 하고 생각할 때가 있습니다. 내용은 분명 아름다운데 소리 내어 읽기가 힘듭니다. 그러면 그 아름다움이 반쪽짜리가 되어 버립니다. 좋은 요리를 만들어 놓고 맛없게 차려낸 것 같달까요.

생각해 보니 쉼표라는 게 그렇게 많지도 않습니다. 마침표보다는 많지만 그래도 적지요. 그러니까 쉼표를 찍을 때가 되면 아끼지 말고 찍어야 합니다. 작은 쉼표 하나가 삶이라는 목소리를 깊고 풍성하게 만들어 주니까요.

우리 삶도 마찬가지가 아닐까요. 바쁘게 달려가다 보면 어느새 숨이 가빠져서 주변을 제대로 보지 못할 때가 있습니다. 그럴 때 잠깐 멈춰서 쉬어가는 것, 그것이 바로 삶의 쉼표인 것 같습니다. 커피 한 잔의 여유나, 친구와의 수다나, 창밖을 그냥 바라보는 시간 같은 것들 말입니다. 피아노에서 댐퍼가 그런 역할을 하는 것 같군요."

34   우리, '사이'

풍경이 아름다운 건 멀리 떨어져서 보기 때문이다. 떨어져서 보면 자세히는 볼 수 없어도 한 폭의 그림을 눈에 담을 수는 있다. 아버지, 어머니, 친구를 생각하면 함께 있을 때보다 멀리 떨어져 있을 때 훨씬 더 그립고 아름답다. 사랑하는 이들과 떨어져 입대했을 때 그 그리움은 얼마나 극적이었나. 바다 건너 유학을 떠났을 때도 엄마 사진을 붙들고 밤잠을 설치고는 했다.

떨어져 있으면, '엄마 건강은 어때?', '밥은 잘 먹어?' 하는 그리움의 말은 마음에서 빌 새가 없다. 서로를 그리워할 때, 사람은 존재의 아름다움을 느낀다. 그런데 언제든 닿을 수 있는 거리라 생각하면 '별일 없겠지…' 하는 추측이 습관이 된다. 문득 '차라리 떨어져 지낼 걸…' 하는 생각이 들 때가 있다면, 가까이 있어도 지금 서로가 서로에게 외로운 것이다.

때로는 '우리' '사이'를 적당히 떼어 놓는 것도 좋다. 멀리 서로의 안녕을 비는 마음이 가까운 외로움보다야 나으니까.

"물리적 거리와 심리적 거리 사이의 괴리야말로 현대적 관계의 가장 큰 딜레마인 것 같습니다. 같은 공간에 있으면서도 각자의 스마트폰을 들여다보고, 같은 식탁에 앉아서도 서로 다른 생각에 잠겨 있는 우리의 일상이 바로 그것입니다.

'차라리 떨어져 지낼 걸'이라는 생각이 드는 순간은 매우 특별한 자각의 순간입니다. 현재의 가까움이 진정한 친밀함이 아니라는 것을, 우리가 서로의 존재를 당연하게 여기고 있다는 것을 깨닫는 순간입니다. 이는 관계에 대한 일종의 경고등과 같습니다.

거리의 역설은 여기서 더욱 명확해집니다. 멀리 떨어져 있을 때는 상대방을 그리워하고 안부를 묻지만, 가까이 있을 때는 오히려 무관심해지거나 서로에게 짜증을 내기도 합니다. 이는 인간관계가 단순한 물리적 근접성으로만 이루어지는 것이 아니라는 뜻입니다. 가까움이란 물리적 거리가 아니라 마음의 거리에 달려 있습니다.

저는 이런 경험을 통해 관계에서 '사이'의 중요성을 생각해봅니다. 사람과 사람 사이의 적절한 거리감, 그 미묘한 균형점을 찾는 것이야말로 건강한 관계의 핵심이라고 생각합니다. 너무 가까우면 서로를 당연하게 여기게 되고, 너무 멀면 소외감을 느끼게 되니까요.

때로는 정말로 적당히 떨어져 지내는 것도 필요할 수 있습니다. 그 거리감이 서로에 대한 그리움을 회복시켜주고, 상대방의 존재가 얼마나 소중한지를 다시 깨닫게 해줄 테니까요. 멀리서 서로의 안녕을 비는 마음도 건강한 형태의 사랑일지 모릅니다."

35 자꾸만 잊는다

요즘 들어서 잘 잊는다. 벌써 왜 이러나 덜컥 걱정이 들 정도로.

그래서 꼭 기억해야 할 만한 것은 적어두고, 잊히고 지나가도 좋을 만한 건 그냥 잊히도록 내버려 두기로 했다. 이렇게 하면 적어둔 기억은 차곡차곡 쌓일 거고, 쓸데없는 건 알아서 머릿속에서 비워질 테니까.

기록할 기억인가 버릴 기억인가를 골라 담다 보면, 그냥 지나갈 일도 한 번 더 들여다보게 된다. 삶에 애착이 생긴다고 할까. 이건 '삭제 목록!' 하고 지정하는 순간, 그 기억은 곧 내게서 영원히 사라지는 거니까.

일상에서 잊히고 사라지는 것이 생기기 시작했을 때, 처음에는 당황스럽기도 했는데, 차차 알게 됐다. 내 것이 내 기억으로부터 분리되어 멀어질 때, 영영 잃어버릴지도 모른다는 불안이 사랑하는 것들을 꽉 붙들도록 한다는 것을. 그게 '애착'이라는 것을.

기억이 때때로 사라지는 덕분에 나는 삶에서 꼭 기억해 두어야 할 것이 무엇인지를 분별하게 되었다. 그러니 이제 쉰을 바라보는 나에게 잊힌다는 것은 어떤 면에서는 좋은 일이기도 하다.

"우리는 기억을 잃는다는 것을 부정적으로만 생각합니다. 치매나 건망증을 두려워하고, 어떻게든 기억력을 유지하려고 애씁니다. 하지만 기억이 흐려지기 시작했을 때 저는 역설적인 경험을 하게 되었습니다. 잃을 수 있다는 불안이 오히려 무엇이 진짜 소중한지를 깨닫게 해준 것입니다.

내 것이 내 기억으로부터 분리되어 멀어질 때, 기억과 자아 사이의 거리가 생깁니다. 그 거리감이 주는 불안이 바로 애착을 각성시키죠. 완전히 소유하고 있을 때는 그 소중함을 모르지만, 잃을 수 있다는 가능성이 보일 때 비로소 그것에 대한 사랑을 자각하게 됩니다.

이것은 인간관계에서도 마찬가지입니다. 헤어질 가능성이 보일 때 상대방에 대한 사랑이 절실해지고, 건강을 잃을 수 있다는 불안이 생길 때 삶에 대한 애착도 강해집니다. 상실의 그림자가 있어야 존재의 빛이 더욱 선명해지는 것입니다.

영영 잃어버릴지도 모른다는 불안의 핵심은 '영영'이라

는 절대성입니다. 일시적인 망각이 아니라 영구적인 상실 가능성 앞에서 우리는 비로소 그것을 '꽉 붙들고' 싶어 합니다. 이 붙듦의 강도가 바로 애착의 강도인 셈이죠.

이런 관점에서 보면 기억력이 조금씩 떨어지는 것도 나쁘지만은 않습니다. 무엇을 기억할 것인가를 선택해야 하는 상황이 되면서 자연스럽게 정말 소중한 것들을 가려내게 되거든요. 모든 것을 기억하는 완벽한 기억력보다는, 진짜 중요한 것만을 기억하는 선별적 기억력이 때로는 더 값질 수 있습니다.

망각은 상실이지만 동시에 선별입니다. 그리고 그 선별 과정에서 우리는 무엇을 진정으로 사랑하고 있는지를 발견하게 됩니다. 어쩌면 완벽한 기억보다는 적절한 망각이, 완전한 소유보다는 상실 가능성이 있는 관계가 우리를 더 인간답게 만드는 것인지도 모릅니다."

36 보통날

"한 장만 받아주세요"

미팅이 있어 건널목을 건너려는데 옆구리로 전단지 들린 손 하나가 쓱 들어왔다. 손을 따라 시선을 돌리니 바싹 마른 노인의 움푹 들어간 눈이 날 올려다보고 있었다. 노인은 작은 등을 연신 굽히며 전단을 흔들었다. 앙상한 팔은 몸에 겨우 걸친 모양으로 위태했고 허리를 굽힐 때마다 셔츠 위로 마디마디 드러나는 뼈마디는 안쓰러웠다.

그때 땀에 절어 눅눅해진 전단을 받아들며 노인의 손을 잡아 주고 싶단 생각이 들었지만 마침 신호가 바뀌었고 나는 황급히 길을 건넜다. 대로를 건너 멀어진 노인은 더 작아져 있었고 부서질 듯 아슬아슬해 보였다.

노인은 길을 건너는 행인을 쫓아 쉼 없이 허리를 굽혔다. 그때마다 그의 굽은 등 위로 태양이 쏟아져 내렸고 때 묻은 흰색 와이셔츠는 눈이 부셨다.

시간에 쫓겨, 나는 가던 길을 갔다. 그리고 안타까워할 새도 없이 노인은 머릿속에 밀려드는 회의 내용에 떠밀려 곧 잊히고 말았다.

안아 줄 수 없는 슬픔에는 한계가 있었다.

"누구나 타인의 고통 앞에 멈춰 서다가, 지나쳐 버리는 순간들이 있었을 것입니다. 아마도 그것은 '연민의 한계'에 대한 깨달음일 겁니다. 글을 쓰면서 제가 마주한 것은 단순히 한 노인의 곤궁함이 아닙니다. 그것은 타자와 나 사이에 가로놓인 건널 수 없는 거리, 그 거리 앞에서 무력해지는 선의의 한계입니다. 안아 줄 수 없는 슬픔에는 한계가 있습니다.

살아간다는 것은 어쩌면 이런 불완전한 연민들을 축적해 가는 일인지도 모르겠습니다. 완전히 사랑할 수도, 완전히 외면할 수도 없는 어정쩡한 마음들을 가슴에 쌓아두며, 그것들의 무게로 조금씩 가라앉아가는 일 말입니다. 이것이 우리가 '보통날'을 살아가는 방식입니다. 특별하지도, 숭고하지도 않은, 그저 견딜 만한 정도의 양심을 지니고 살아가는 일상의 모습입니다."

37 방황하는 마음의 주소

우리는 모두 길을 잃고 헤매는 존재들인지도 모른다. 아침에 눈을 뜨는 순간부터 잠들 때까지, 무수한 선택 앞에서 망설이며 방향을 잡지 못한 채 하루를 보낸다. 그런 방황의 흔적이 가장 적나라하게 드러나는 곳이 바로 우리가 사는 공간이다.

서랍 속 얽힌 전선들, 책상 위 무너진 서류들, 옷장에서 흘러나온 옷가지들. 이 무질서한 풍경을 보고 있으면 문득 깨닫게 된다. 이것이 우리 내면의 모습이라는 것을. 갈 곳 잃은 물건들처럼, 우리의 생각과 감정들도 마음 한구석에서 정처 없이 떠돌고 있는 것이다.

누군가 내게 정리가 무엇인지 묻는다면, '사물에 주소를 부여하는 일'이라고 답할 것이다. 하지만 그것은 단순히 물건을 제자리에 놓는 일만이 아니다. 우리 주변의 모든 것에 적절한 자리와 의미를 찾아주는 행위다. 물건들이 제자리를 찾지 못하고 어수선하게 흩어져 있을 때, 우리는 어느새 자신의 내면도 그만큼 혼란스럽다는 것을 깨닫게 된다.

자연은 늘 질서에서 무질서로 흘러간다. 하지만 인간만이 이 거대한 흐름에 맞서 질서를 창조할 수 있다. 방을 정리한다는 것은 혼돈에 맞서 나만의 작은 세계를 구축하는 일이다. 손웅정 감독이 신발을 세 켤레만 둔다는 이야기가 인상적이다. 이는 단순한 정리법이 아니라 '나에게 진정 필요한 것이 무엇인가?'라는 근본적 질문에 대한 그만의 답이었을 것이다. 무한한 선택지 앞에서 방향을 잃기 쉬운 현대인에게, 그의 절제는 명확한 삶의 철학을 보여준다.

물건을 정리하다 보면 자신의 욕망과 마주하게 된다. '왜 이렇게 많은 것을 원했을까, 왜 있는 물건을 또 여러 개씩 사들였을까.' 쌓여 있는 물건들은 우리 내면의 결핍과 불안을 그대로 보여준다. 이처럼 우리는 정리를 통해 평소 자신이 얼마나 많은 것을 갈망하며 살았는지, 그 끝없는 욕망이 우리 자신을 얼마나 피곤하게 만들었는지를 깨닫는다.

정리의 핵심은 선택이다. '무엇을 버릴 것인가', '무엇을 남길 것인가', '그리고 남겨둔 것들을 어디에 둘 것인가' 이 모든 과정은 '나는 어떻게 살 것인가?'라는 근본적 질문과 맞닿아 있다. 물건마다 정해진 자리를 지키는 것은 자신과의 약속을 지키는 일이다. 이것은 재능이 아니라 의지의 문제다. 매일 조금씩 흐트러진 것들을 제자리로 돌려놓는 반복을 통해, 우리는 일관성 있는 삶을 만들어간다.

물건들이 제자리를 찾아가기 시작하면, 우리의 생각들도 함께 정돈되기 시작한다. 복잡하게 엉킨 문제들을 차근차근 풀어나갈 여유가 생긴다. 공간의 질서가 마음의 평온으로 이어지는 것이다.

'고작 물건 때문에?'라고 말할 수도 있지만, 우리는 공간과 따로 떨어져 존재할 수 없다. 어수선한 환경과 불안한 마음은 서로를 키우며 악순환을 만든다. 물건에 주소를 부여하는 순간, 집은 정리되기 시작한다. 그리고 그때부터 여기저기 떠돌던 우리의 마음도 서서히 제자리를 찾아가기 시작한다. 정리는 물건만 가지런히 하는 일이 아니다. 그것은 삶의 우선순위를 정하고, 진정 중요한 것이 무엇인지 깨닫게 해주는 성찰의 시간이기도 하다. 물건들이 제자리를 찾아가듯, 우리의 마음도 본래의 고요함을 되찾게 되는 것이다.

사물에 주소를 부여하는 일. 그것은 단순한 정리법이 아니다. 그것은 방황하는 우리가 자신의 마음 주소를 찾아가는 여정이다. 길 잃은 우리 모두에게 시급히 필요한 것은 어쩌면 정리일지도 모른다. 혼돈 속에서 질서를 만들어내는 작지만 확실한 실천, 그리고 그 속에서 발견하게 되는 내면의 평온함 말이다.

"물건에 주소를 부여한다는 것은 그 물건의 존재를 인정하는 일입니다. '너는 여기 있어야 할 존재야'라고 선언하는 것이죠. 반대로 주소가 없는 물건들은 끊임없이 불안한 상태에 놓입니다. 오늘은 여기, 내일은 저기, 늘 임시적인 자리에만 머물게 되니까요.

이것은 인간의 존재 조건과 놀랍도록 닮아 있습니다. 우리도 세상에서 자신의 자리를 찾으려고 애쓰며 살아가니까요. 사회적 역할, 인간관계, 자아정체성이라는 것들이 모두 우리가 세상에서 확보하려는 '주소'들입니다.

정리를 '의미를 부여하는 행위'라고 했을 때, 저는 이것이 인간만이 할 수 있는 고유한 능력이라는 생각이 들었습니다. 물건 자체에는 의미가 없습니다. 하지만 인간이 그것에 자리를 부여하고 역할을 규정하는 순간, 그것은 의미 있는 존재가 됩니다.

예를 들어, 책상 위의 펜은 그냥 놓여 있을 때는 단순한 물건입니다. 하지만 '이 펜은 늘 펜꽂이에 있어야 해'라고 정해주는 순간, 그 펜은 일상의 질서를 만드는 의미 있는 존재가 됩니다. 그리고 그 작은 질서가 모여서 우리 삶의 큰 질서를 만들어 내는 것이죠.

정리가 마음에 미치는 영향도 여기서 비롯됩니다. 물건들이 제자리를 찾아가면, 우리는 무의식적으로 안정감을 느낍니다. 왜냐하면, 혼돈 속에서 질서를 만들어 내는 그 행위 자체가 우리에게 삶에 대한 통제감을 주기 때문입니다.

하지만 중요한 것은 완벽한 정리가 아닙니다. 모든 물건이 완벽한 자리에 있어야 한다는 강박이 아니라, 각각의 존재에 적절한 자리를 찾아주려는 배려의 마음입니다. 마치 좋은 지휘자가 오케스트라의 각 악기에 적절한 역할을 부여해 아름다운 음악을 만들어 내듯이 말입니다. 이런 관점에서 보면 정리는 일종의 돌봄입니다. 물건을 돌보고, 공간을 돌보고, 궁극적으로는 자신을 돌보는 행위입니다. 헤어진 것들을 제자리로 돌려보내고, 잃어버린 것들에게 다시 집을 만들어 주는 것이죠.

저는 정리를 할 때마다 이런 생각을 합니다. 내가 지금

하는 일은 단순히 방을 깔끔하게 만드는 것이 아니라, 작은 우주에 질서를 부여하는 창조적 행위라고 말입니다. 그리고 그 과정에서 제 마음도 함께 정돈되어 가는 것을 느낍니다.

결국, 정리란 물건들에게 집을 주는 일이고, 동시에 우리 자신에게도 마음의 집을 만들어 주는 일인 것 같습니다. 모든 존재가 자신만의 주소를 갖고 안정감을 느낄 수 있는 세상, 그것이 정리가 추구하는 이상향이 아닐까요?

물건에 주소를 부여하는 작은 실천이 우리 삶에 의미를 부여하는 큰 철학으로 이어지는 것입니다. 그래서 정리는 결국 존재를 돌보는 일이고, 삶을 사랑하는 방식 중 하나라는 생각을 해봅니다."

38   파도는 알고 있을까?

내가 태어난 곳은 울릉도다. 일곱 살 이후로 경주에서 자랐고, 제주도에서 군대 생활을 했다. 유학마저 섬나라 일본에서 했다. 내 삶은 바다를 중심으로 동심원을 그릴 수 있다. 어쩌면 내 몸속을 흐르는 물이 그 근원을 기억하는 것인지도 모른다.

그날은 퇴근이 빨랐다. 아직 해가 지기 전이었다. 집으로 향하는 길, 문득 충동적으로 핸들을 돌려 강릉으로 향했다. 모든 것이 각자의 중력에 이끌려 살아가듯, 그날 나는 바다에 강하게 이끌렸다.

모래 위에 섰다. 먼바다에서부터 너울이 해안으로 다가왔다. 수면이 얕아질수록 너울은 서서히 등을 말아 일어서려고 했다. 곧 사람 키만큼 올라선 너울은 등을 펴고 일순간 일어섰다가 허공에서 부서졌다. 하얀 물거품이 흩어졌다. 파도는 바다를 딛고 일어났다가 끊임없이 사라지기를 반복했다.

서서히 해가 지고 어둠이 찾아왔다. 연안의 어선들이 하나둘 등불을 밝혔다. 바다는 잠잠해졌다. 파도가 숨죽인 해안에는 여린 물결이 얽히고 부서지면서 투명한 소리를 냈다. 손톱 같은 달이 떠오르자 파도는 조용해졌다. 나는 해안가를 천천히 달리기 시작했다. 얼마 안 가 모래에 발이 빠질 때마다 체력이 떨어지는 게 느껴졌다. 거친 호흡을 하면서도 계속 앞으로 달려나갔다. 활처럼 휜 해안 끝에 도착했을 때 목구멍까지 숨이 차오르고 입에서는 단내가 났다. 나는 해변의 완만한 언덕에 주저앉아 등을 대고 누웠다. 달빛에 물든 파도가 발끝에 닿았다가 도로 물러갔다.

정해진 길이 있었던 것도 아닌데, 그저 먹고살기 위한 선택들이 모여 어느덧 지금의 내가 되었다. 매일의 작은 타협과 불가피한 결정들이 차곡차곡 쌓여 지금 내가 걷고 있는 이 길을 만들었다. 해변을 달리며 생각했다. 삶과 타협하고 순응하며 살아온 지난날들을 부정하는 것은 아니지만, 그렇다고 그 안에 온전한 나의 의지가 담겨 있었던 것도 아니다.

하루하루가 무심히 지나가는 동안, 나는 반복되는 일상 속에서 조금씩 닳아가고 있었다. 그 닳아감 속에서도 마음 한편에는 늘

다른 나의 모습을 갈망하는 마음이 자라고 있었다. 한번도 되어 보지 못한 내가 되고 싶다는 열망. 그 갈증이 커질수록 먼바다를 향한 그리움도 함께 깊어갔다.

파도가 밀어 올린 하얀 거품들이 모래 위를 굴러갔다. 거품들은 금세 모래 틈으로 자취를 감췄다. 파도가 밀려오고 물러갈 때마다 청명한 바닷소리가 났다. 그 소리에 귀 기울이는 동안 내 마음에 쌓인 응어리가 쓸려나가는 듯했다. 한동안 잊고 있던 감각들이 하나둘 깨어났다.

시간이 얼마나 흘렀는지 알 수 없었다. 달이 정수리 위로 올라왔을 때에야 비로소 모래를 털고 일어났다. 그때 부드러운 밤바람이 뺨을 스쳤다. 나도 이제 나이 쉰을 바라본다. 인생에 정답이 없다는 것쯤은, 삶은 정답을 기다리는 게 아니라 선택을 이어가는 일이라는 것 정도는 안다.

나는 과거에도 미래에도 존재하지 않는다. 오직 이 순간에만 존재한다. 그런데도 과거를 후회하고 미래를 걱정하느라 지금을 놓친 일이 얼마나 많았던가. 바다를 바라보며 생각했다. 바다는 바다로 존재하고, 파도는 파도로 존재하듯, 나는 나로 존재하고 싶다고.

돌아가는 길, 백미러에 비친 바다는 빠르게 멀어져갔다. 멀어지니 보이지 않던 바다가 한 폭에 담겨 선명히 보였다. 가까이 있을 땐 보지 못한 바다였다. 인생도 그런 것인지 모른다. 너무 가까이 있을 때는 보이지 않다가, 멀어질 때 비로소 그 윤곽이 드러나는 것처럼.

운전대를 잡은 채 문득 사는 것에 대해 생각했다. 끝이 보이지 않는 시간. 그 시간은 잠시 현실에서 멀어져야만 최초의 시작과 아득한 끝을 바라볼 수 있다는 것. 백미러에 비친 바다가 작아지다가 시야에서 완전히 사라졌다. 하지만 이 밤의 파도 소리는 내 안에 한동안 남을 것만 같았다.

해변에 남긴 내 발자국은 벌써 지워져 버렸겠지만, 그건 중요하지 않다. 내가 그곳을 걸었다는 사실만이 중요한 것이다. 누가 알아주지 않아도, 내가 걸었고, 내가 보았고, 그 바다 앞에 내가 서 있었다는 것. 그곳에는 나의 선택이 있었다는 것.

한시도 쉬지 않고 일렁이면서도 그 본질만은 변하지 않는 파도처럼, 나는 삶이라는 거대한 순환 속에서 끊임없이 마주하게 되는 불확실성을 받아들이는 일에 대해 생각했다. 흘러가는 것들과 돌아오는 것들. 그 자연의 순리를 받아들이고, 그러한 흐름 속에서도 자신만의 생의 리듬을 잃지 않고 나로 살아가는 것.

바다는 불확실함에 대한 위안이 되어 주었다. 모든 것은 변한다는 것, 그리고 그 변화 속에서도 바다는 바다로, 파도는 파도로, 나는 나로 존재할 수 있다는 것을 알려주었다.

"가까이 있을 땐 보지 못하는 게 있지요. 바다도 그렇습니다. 우리는 종종 너무 가까이 있어서 보지 못하는 것들 속에서 살아갑니다. 자신의 삶도, 자신의 마음도, 자신이 사랑하는 사람들도 그렇습니다. 때로는 거리를 두어야 비로소 그 전체가 보이고, 그때야 그것의 진정한 의미를 깨닫게 됩니다.

그날 밤 모래사장에 남긴 발자국은 곧 지워졌겠지만, 정작 중요한 것은 지워지지 않습니다. 제가 그곳을 걸었다는 사실, 그 바다를 보았다는 기억, 그리고 그 순간 품었던 다짐들 말입니다. 그런 것들은 파도가 아무리 밀려와도 지울 수 없는 것들입니다.

바다로 돌아간다는 것이 단순히 과거로의 회귀가 아니라, 미래를 향한 새로운 출발이었다는 점을 말하고 싶습니다. 근원을 확인함으로써 오히려 앞으로 나아갈 방향을 찾게 되는 것, 그것이야말로 그리움의 진정한 의미가 아닐까 합니다.

우리가 그리워하는 것은 잃어버린 무언가가 아니라, 아

직 되지 못한 자신의 모습인지도 모르겠습니다. 바다 앞에서 제가 마주한 것도 바로 그런 자신이었습니다. 변화 속에서도 변하지 않는 무언가를 지키며 살아가고 싶다는, 그 간절한 바람 말입니다."

39   꿋꿋하게 살아갈 것

10년 전에 쓴 글을 마흔아홉이 된 오늘 읽게 되었다. 그러고 보니 그때는 마흔이 보였는데, 이제 쉰이라는 가보지 못한 시간이 보이기 시작한다. 시간이라는 게 앞을 바라보고 걸을 때는 참 더딘 것 같다가도, 뒤돌아보는 시간은 늘 한순간이었다.

그날의 바람은 유난히도 맑았다. 동해시의 해안 절벽을 혼자 걷고 있을 때였다. 그때 소금기 뒤섞인 공기 사이로, 전에 맡아보지 못한 향기가 실려 왔다. 바람이 불어오는 쪽으로 걸음을 옮길수록 향은 짙어졌다. 무언가에 이끌린 듯 좁고 험한 바윗길을 따라 내려가니 검은 바위틈에 핀 선홍빛의 꽃 무리가 눈에 들어왔다. 해당화였다. 지나가는 사람이 알려준 그 낯선 이름의 음절 하나하나를 입안에서 천천히 굴려보는데 무명의 꽃잎들이 입속에서 피어나는 듯 싱그럽게 느껴졌다.

나는 바위에 걸터앉아 수평선을 배경으로 이 꽃을 한참이나 바라보았다. 그때 해가 서서히 수평선 너머로 기울어가고 있었다. 수면 아래로 가라앉는 태양을 볼 때 왈칵 눈물이 날 때가 있는데, 그것은 슬퍼서가 아니라, 삶이라는 순환이 경이롭기 때문이다. 눈앞의 해당화도 피고 지는 순환 속에 있었다. 바람이 분다. 머리카락이 흩날린다. 나는 문득 그것이 꽃의 이름을 알아 달라는 존재의 신호가 아닐까 하는 생각을 했다.

그 후로 이 질문은 환절기면 찾아오는 감기처럼 마음의 면역이 떨어질 때마다 찾아왔다. 무명으로 살아가는 존재들에게 어떻게 응답할 것인가. 나 자신조차 때로는 무가치하게 느껴지는 일상 속에서, 존재한다는 것의 의미를 어떻게 확인하며 살아갈 것인가.

5년 전, 나는 새벽 공부를 시작했다. 처음에는 온전히 나만을 위한 시간이었다. 하지만 자꾸만 흐트러지는 의지를 붙들고 싶어 새벽 강의를 시작했다. 그날 읽은 것을 그날 나누면, 공부도 되고 새벽 공부 습관도 이어갈 수 있을 것 같았기 때문이다. 한 명의 참가자로 시작해 두 명, 열 명으로 늘어가던 온라인 강의 참가자는 이제 130명을 넘어섰다.

일곱 시 반이 되면 화면 속 작은 창들이 하나씩 켜진다. 누군가는 한쪽 귀에만 이어폰을 꽂은 채 아침 준비를 하고, 누군가는 지하철 안에서 흔들리는 화면을 붙들고 있다. "엄마!" 하고 부르는 아이의 짜증 난 목소리에 "미안, 잠깐만" 하며 황급히 아이를 챙기다가 다시 화면으로 돌아오는가 하면, 운전대를 잡고 방송을 듣는 모습도 실시간으로 비친다. 아침의 분주함과 빠듯함 속에서도 방송을 놓치지 않으려는 그들의 모습은 단순히 열심이라기보다는 치열함에 가까워 보였다.

화면 속 침묵하는 시선들이 그물처럼 촘촘히 엮이며 다채로운 감정을 흘려보낸다. 슬픔이기도 하고, 불안과 초조이기도 하다. 무언가에 휩쓸리지 않으려 애쓰며 단단한 것을 붙잡으려는 간절함이기도 하다. 그럴 때면 나는 그 눈빛들을 조심스럽게 기억해두고 마음 한편에 차곡차곡 쌓아가며 되새긴다. 그들의 불안은 나의 불안이고, 그들의 슬픔은 내가 아는 슬픔과 다르지 않다. 역설적이게도 나는 이 공명 속에서 위로를 찾는다. 어쩌면 그들 역시 나의 말보다는, 내 눈동자 뒤편에 숨겨진 불안정한 내 모습을 읽어내고 있는지도 모른다.

그런 교감 속에서 문득 떠오른 생각이 있었다.

흰 눈이 땅에 닿는 순간 흙빛으로 물드는 것처럼, 세상에 첫발을 내딛는 순간부터 우리는 조금씩 변해간다. 순수할수록 쉽게 상처받고, 살아갈수록 자기 이름을 잃어간다.

'이름이 깎여나가면, 존재는 가벼워지는 것이다.'

그 생각이 들고부터 나는 강연을 마무리할 때 화면에 뜬 이름들을 또박또박 불러주기 시작했다. 이름이 불리는 순간 그들의 얼굴에 미묘한 변화가 일어났다. 어깨가 펴지고, 눈빛은 또렷해지고, 입가에 엷은 미소가 번졌다. 내가 자신의 존재를 정면으로 응시하고 있다는 것을 확인한 듯한 표정이었다.

그 후, 나는 하루도 빠지지 않고 그들의 이름을 불러주고 있다. 이름을 부르면서 나 역시 그들을 통해 나라는 존재의 위치를 확인할 수 있었다.

이름에는 신비로운 힘이 있다. 불리는 순간 우리는 익명성에서 벗어나 고유성을 얻는다. 부르는 사람도 마찬가지다. 누군가의 이름을 부르는 순간, 나 역시 그 존재에 대응하는 선명한 존재가 된다. 사람은 타인의 시선에 비친 모습보다 있는 그대로의 나로 기억되기를 바란다. '나의 이름'으로 살아간다는 것, 그 이름이 누군가의 입술에서 또박또박 소리가 될 때 삶은 숨이 트이는 것이다.

십 년 전 바위틈에서 만난 해당화는 꿋꿋이 제 향기를 뿜어내며, 누군가 자신의 존재를 알아주기를, 이름을 불러주기를 간절히 기다리고 있었다. 내가 이름을 부르는 이유, 그것은 십 년 전 해당화가 내게 건넨 질문에 대한 대답이었는지도 모른다.

지금도 해당화는 바위틈에 피어 있을 것이다. 여전히 제 향기로 누군가의 부름을 기다리고 있을 것이다. 해당화가 해당화이듯이. 당신은 오직, 당신이다.

태어났으니
부디,
꿋꿋하기를.

"우리는 익명으로 살아갑니다. 밖에서 수많은 사람과 마주치지만, 서로의 이름을 모른 채 스쳐 지나가지요. 그러나 누군가가 내 이름을 부르는 순간, 모호했던 존재의 윤곽이 단번에 또렷해집니다.

이름은 최초로 획득하는 정체성의 표시이자, 동시에 타자와의 관계 속에서만 의미를 갖는 소리입니다. 우리가 태어나서 받는 첫 선물이자 죽은 후에도 지워지지 않는 기록입니다. 어쩌면 이름이야말로 인간의 핵심입니다."

40   이름들

책은 여기에서 끝이 납니다.

사십 대를 보내며 우리는 흔들렸고, 좌절했으며, 때로 깊은 슬픔에 잠겼습니다. 그러면서도 웃었고, 행복했으며, 거친 현실을 온몸으로 견뎌냈습니다. 이 책은 '아무도 없는 곳'에서 홀로 마주했던 우리 각자의 자화상입니다.

삶에서 내 이름을 스스로 불렀을 때를 떠올려 봅니다. 그것은 불완전한 일상 속에서도 끝까지 나로 남겠다는, 저 자신과의 엄숙한 약속의 순간이었습니다.

여기, 당신의 이름을 적어주세요.

_____ 님.

우리 손에는 태어날 때부터 보이지 않는 펜 하나가 쥐어져 있었습니다. 그 펜으로 지금까지 수많은 문장을 써왔습니다. 흔들리는 문장도, 좌절의 문장도, 기쁨의 문장도 함께 말입니다.
사십 대라는 시절을 지나며 우리가 배운 것은 완벽한 문장을 쓰는 법이 아니라, 실수투성이 문장들 사이에서도 포기하지 않고 쓰는 법이었습니다. 그것이 바로 '나다움'이라는 필체였습니다.

앞으로도 쓸 이야기가 많이 남았습니다. 어쩌면 지금도 다음 문장을 생각하며 머리 위의 달을 올려다보고 있을지 모르겠습니다. 어떤 이야기든, 그것은 오직 당신만이 쓸 수 있는 이야기입니다.

결말을 알 수는 없지만, 어떻게 써나갈지는 매일 선택할 수 있습니다. 당신이 써 줄 한 문장을 내일의 당신이 기다리고 있습니다. 당신을 아프지 않게, 당신을 업신여기지 않게, 부디 다정하고 친절하게 인생을 적어가시길 바랍니다.

41 글을 마무리하며

원고를 넘기고 평온했던 본래의 자리로 돌아왔습니다. 지난 몇 달은 노트북을 붙들고 분투한 시간이었습니다. 일 년에 한 권은 책을 내겠다고 생각했지만, 지난해부터 올해까지 타인의 글을 읽고 간간이 글을 고치는 정도로 쓰기의 맥을 겨우 이어오고 있었습니다. 올해 2월 들어 불편했던 마음에 종지부를 찍고 할 일을 하자고 결심하고 오래된 원고를 긁어모아 글쓰기를 시작했습니다.

쓰기의 목적은 책마다 다르겠지만, 이번 책도 지난 십 년의 길을 차곡차곡 눌러쓴 이야기여서 어렵지는 않았습니다. 그간 글을 부지런히 쓰지는 않았지만 내 삶의 경로에 대해 어디로 가고 있는지, 어디로 가야 하는지 그 고민의 주체가 내가 아닌 적은 없었습니다. 두툼해진 시간의 끈을 풀고 펜을 들어 한 글자씩 옮겼습니다. 그것이 금세 한 권 분량의 원고가 되었지요.

전에는 무엇을 쓸 것인가를 고민하면서 썼었습니다. 그러다 언젠가부터 쓸 거리가 무르익은 삶을 미리부터 살아 놓고 쓰자 하는 식으로 글과 세계를 바라보는 순서가 뒤바뀐 것 같습니다. 글을 쓰겠다는 막연한 조급함을 앞세우기보다 그전에 이야기가 될 만한 삶을 먼저 살아내자는 것입니다. 일상이 똑같이 돌아간다는 회의적인 착각 속에서 자기 언어를 상실한 채 타인의 말과 행동에 시선이 옭매인 채 살고 싶지는 않았습니다.

쓰기를 처음 시작했을 때 '무엇을 쓸까' 하는 이 물음 하나 덕분에 의식 곳곳에 너부러진 이야기를 끌어모으고 정리하고 의미를 만들어 볼 수 있었습니다. 쓰기에 몰입하는 동안 주변의 소란을 대놓고 등질 수 있었고, 책을 쓰겠다 선언한 순간부터 내 사적 공간은 가족들에게조차 공적 공간으로 존중받을 수 있었습니다.

취미로 쓰던 글이 직업적 글쓰기가 되고 가늘게 흐르던 글의 샛강이 어느새 삶 전체를 떠받치는 본류가 되어 흐르고 있다는 사실이 가끔 믿기지 않을 때가 있습니다. '어떻게 여기까지 왔을까' 하고 자문해 볼 때마다 그 최초의 시작은 새벽 글쓰기였습니다.

잘 쓰려고 노력하지 않습니다. 어차피 글은 내가 될 수 있는 최대한의 나를 벗어날 수 없으니까요. 대신 잘살아보기 위해 씁니다.

쓸 거리를 만들기 위해 주인공의 시점으로 '지금'을 살게 되면 어떤 일을 하더라도 그 일의 가치와 의미의 무게를 따져보는 관점을 가지게 됩니다. 이유에서 의미로 이어지는 존재의 무게를 가늠하는 버릇이 생기는 것이죠. 그러다가 '이걸 해야겠어'라고 결정하는 순간부터 삶은 주체적으로 움직입니다.

사십 대를 정리하며 돌아보니, 가장 큰 변화는 글감을 찾아 헤매던 시절에서 삶을 글로 빚어내는 시절로, 수동적인 관찰자에서 능동적인 주인공으로 자리바꿈한 것이었습니다. 이제는 매일의 삶이 글이 되고, 그 글이 다시 삶을 이끌어가는 선순환의 고리가 만들어진 것 같습니다.

이 책을 마무리하며 새삼 깨닫습니다. 글쓰기는 단순한 표현의 도구가 아니라 삶을 주도적으로 살아가게 하는 동력이라는 것을 말이지요. 앞으로의 시간도 이렇게 살아가고 싶습니다. 쓰기 위해 살고, 살기 위해 쓰면서.

그렇게 오십 대의 문턱에서 또 다른 이야기를 시작할 수 있기를 소망합니다.

위로는 서툴수록 좋다

초판 11쇄 발행일 | 2026년 2월 1일

지은이	이정훈
발행인	김태한 외 1명
펴낸이	책과강연
총괄기획	이정훈
도서제작기획	김태한
책임편집	인생첫책
디자인	책맵씨연구소

주소	서울시 퇴계로26길 15 남학빌딩 B1
전화	02-6243-7000
블로그	blog.naver.com/writingin180days
인스타그램	@writing_in_180_days
유튜브	책과강연
카카오톡	writing180
출판등록	2017년 7월 2일 제2017-000211호

ISBN	979-11-994478-0-6 (03810)

* 책 가격은 뒤표지에 있습니다.
* 파본은 구입하신 서점에서 교환해 드립니다.
* 저자와 협의 하에 인지를 생략합니다.

실행하는 지금이 실현하는 순간입니다.
[책과강연]에서는 여러분들의 원고를 기다리고 있습니다.
원고 투고 및 의견은 writingin180days@naver.com으로 보내주세요.
함께 만들어 갑니다.

'내 책을 서점에서 만나는 기적'